Roland Morgen

TRIER

Verlag Weyand

Für

FELICITAS & VINCENT

und in Gedenken an

Josef Tietzen

IMPRESSUM

www.weyand.de, verlag@weyand.de

Fotos: Roland Morgen
Lektorat: Gabriela Böhm
Gestaltung Umschlag und Inhalt: Jennifer Neukirch
Satz: Verlag Weyand; SI MedienGestaltung, Trier
Druck: Krüger, Merzig
Bindung: Buchbinderei Schwind, Trier

ISBN 978-3-942 429-61-0

1. Auflage 2021

TRIER

Inhalt

PORTA NIGRA

Das unvollendete Nordtor der Angebermauer

» Einmal in der Woch da gieh'n eich an die Pochda, «

singen die Mundart-Matadoren Leiendecker-Bloas. Tatsächlich aber eilt dem waschechten Trierer der Ruf voraus, höchstens zweimal im Leben das Wahrzeichen seiner Heimatstadt zu erklimmen. Will meinen, nicht drunter hindurch gegangen zu sein, sondern eintrittspflichtig das Monument betreten und die 131 Wendeltreppen-Stufen im Westturm erklommen zu haben. Nein, Anbiederung an die eigene städtische Vergangenheit ist des Trierers Sache nicht.

Das Rom des Nordens – im Sommer sogar mit Palmen

Dabei ist im Falle der Porta Nigra Bescheidenheit völlig fehl am Platz. So etwas vermag selbst Rom nicht zu bieten. Die Einzigartigkeit, mit der das Prachtstück antiker Baukunst heute protzen kann, wäre zu früheren Glanzzeiten eine glatte Untertreibung gewesen. Von der Sorte hatte Trier doch noch gleich mehrere.

Mindestens drei monumentale Torburgen, allesamt im Zuge des Stadtmauer-Baus ab anno 175 n. Chr. an den Hauptverkehrsverbindungen errichtet, gewährten dem Willkommenen Einlass in das Rom des Nordens. Das Südtor Porta Media (an der heutigen Kreuzung Saar-/Töpferstraße), die Porta Inclyta an der Brücke und eben die Porta Nigra, die ursprünglich wohl Porta Martis – Marstor, also Kriegstor – hieß. Hinzu kam als Zu- und Ausgang das entsprechend konstruierte und in den 6,4 Kilometer langen Mauerring einbezogene Amphitheater. Und dann gab es noch die Porta Alba in Heiligkreuz, über die sich die Gelehrten uneins sind, ob sie gleich Bestandteil der Stadtbefestigung oder erst im 4. Jahrhundert hinzugekommen war.

Das Nordtor dürfte das mächtigste von allen gewesen sein. Denn sollten Barbaren es tatsächlich wagen und sich von jenseits des Rheins ins Imperium hineintrauen, dann würde spätestens dieser Koloss von Torburg sie das Fürchten lehren. 36 Meter breit und fast ebenso hoch.

Ein Stein gewordener Albtraum, eine Festung mit allen Schikanen wie zum Hohn für die Germanen-Krieger, deren Sippen in Holzhütten hausten.

Die Porta-Planer gingen auch mit ihren eigenen Ahnen nicht zimperlich um. Mitten auf einem Friedhof türmten sie rund 7500 hell-olivgrüne Sandsteinquader aus Kylltal-Steinbrüchen zu einem Monument der repräsentativen Abschreckung auf.

Und das bemerkenswerterweise in Zeiten tiefsten Friedens. Militärisch machte die Stadtbefestigung erst mal keinen Sinn. Der für Klartext bekannte und geschätzte Archäologe Klaus-Peter Goethert bezeichnet das Ganze gern als »Angeber-Mauer mit Angeber-Toren«. Nach der Devise »Seht her, wir können uns so etwas leisten« zielte das Mega-Projekt zunächst auf Binnenwirkung. Beeindruckt werden sollten zuerst einmal römische Mitbürger, die nach Trier kamen.

Gut behütet:
Die Mütze des heiligen Simeon (links) und Hüllen aus der Zeit um 1400 und dem 18. Jahrhundert

Ironie der Geschichte: Die ersten feindlichen Krieger, die mit Prestige-Porta & Co. Bekanntschaft machten, waren gar keine Barbaren, sondern Römer. Im Jahr 196 ließ sich in Britannien Clodius Albinus zum Kaiser ausrufen und machte sich dann mit seinen Truppen auf in Richtung Rom, um den regierenden Herrscher Septimus Severus zu stürzen. Bürgerkrieg! Die Marschroute führte über Trier, und dort erhielten Clodius Albinus' Ambitionen einen mächtigen Dämpfer. Die aus Mainz herbeigeeilte 22. Legion verhinderte die Einnahme der kaisertreuen und strategisch wichtigen Metropole und vertrieb die Angreifer. Die Entscheidungsschlacht am 19. Februar 197 bei Lugdunum (heute Lyon) besiegelte Clodius Albinus' Ende.

Wenn auch erfolglos geblieben, so prägt die Belagerung doch das Erscheinungsbild der Porta Nigra. Zum einen durch deutliche Brandspuren, die entstanden sein dürften, als die Angreifer die heruntergelassenen Falltüren mit Brandsätzen zu knacken versuchten. Vor allem aber durch den unfertigen Zustand des Bauwerks. Denn die Nachricht von der nahenden Bürgerkriegs-Front traf die Trierer Bautrupps in den Vorbereitungen der Abschlussarbeiten. Die Glättung der rohen Bruchflächen sowie der Bearbeitung der Profile an Fenstern, Torbögen, Säulen, Basen und Kapitellen wurden eilig abgeblasen – und auch später nie mehr aufgenommen. Selbst die im 4. Jahrhundert in Trier residierenden und auf repräsentative Bauten bedachten Kaiser beließen es beim Rohbau-Status. Die an der Stadtseite vorgesehenen Flügeltore wurden nie eingesetzt. Den meisten Wandflächen fehlt – noch heute sichtbar – der finale Schliff.

Während die Trierer im Hochmittelalter die anderen übrig gebliebenen, aber nutzlos gewordenen antiken Stadttore als Steinbrüche nutzten und bis auf die Fundamente abtrugen, blieb der zur »Porta Nigra« (»schwarzes Tor«) verwitterten Ex-Befestigungsanlage im Norden das Steinbruch-Schicksal erspart. Aber nicht, weil man der Nachwelt eine einzigartige Sehenswürdigkeit erhalten wollte, sondern weil zwei bedeutende Männer ihrer Freundschaft und ihrem Glauben ein Denkmal setzten. Der eine Triers Erzbischof Poppo von Babenberg, der andere der ehemalige Pilgerführer und Neu-Trierer Simeon. Die beiden hatten sich auf einer Reise ins Heilige Land kennen und schätzen gelernt. Simeon ließ sich 1030 im Ostturm der Porta einmauern und starb nach viereinhalb Jahren asketischen Daseins in seiner Zelle, ohne sie je wieder verlassen zu haben.

Heute undenkbar: Nur ein halbes Jahr nach seinem Tod (1. Juni 1035) war Simeon heiliggesprochen und nach Ulrich von Augsburg erst der zweite Heilige, der offiziell kanonisiert wurde. Poppo funktionierte zu Simeons Ehren das einstige Stadttor zu einer doppelgeschossigen Kirche, die rasch zur Pilgerstätte avancierte. Eine Freitreppe führte über das zugeschüttete Erdgeschoss zur Volkskirche. Der darüber liegende Kirchenraum war den Klerikern des Simeonstifts vorbehalten, das Poppo westlich an die Porta anbauen ließ. Gut 100 Jahre später fügte einer seiner Nachfolger, Erzbischof Albero von Montreuil, die Apsis am Ostturm hinzu.

Modellhaft: Die Porta Nigra als Kirche St. Simeon im 18. Jahrhundert

» Jetzt hält die Porta Nigra auch die nächsten 1800 Jahre «

Von wegen „schwarzes Tor":
Die Porta Nigra in der Morgensonne

Beliebt bei Trierern wie Touristen: Die Porta als 0-Euro-Schein

Im Laufe der Jahrhunderte entwickelte sich die ungewöhnliche Doppelkirche zu einer »hochragenden Gottesburg« mit einem weithin sichtbaren Glockenturm, zahlreichen angebauten Kapellen und einem Friedhof auf der Terrasse, die durch die Aufschüttung des Erdgeschosses auf der Landseite entstanden war. Von dem atemberaubenden Anblick zeugen heute nur noch Zeichnungen und Stiche.

Denn Napoleon zeigte sich bei seinem Trier-Besuch 1804 ganz und gar nicht angetan von dem spannenden Sammelsurium sakraler An- und Einbauten. Er verfügte den Abriss aller nachantiken Elemente mit dem Ziel, die Porta Nigra, die er für ein Werk der Gallier hielt, nach dem Vorbild des Pariser Triumphbogens freizustellen. Napoleons Tage als Kaiser waren bald gezählt, die der Chorapsis und des Simeonstifts nicht. Sie blieben glücklicherweise erhalten. Auch zwei Weltkriege überstand des Trierers in Ehren ergrautes »Nationaldenkmal« unbeschadet, obwohl bereits im Mittelalter viele Eisenklammern, die das Steingebilde zusammenhalten sollten, herausgebrochen worden waren. Dennoch blieb eine Runderneuerung unausweichlich. Sie begann 1967 und dauerte sechs Jahre. Ergebnis der umfangreichen Sicherungs- und Sanierungsarbeiten: »Jetzt hält die Porta Nigra auch die nächsten 1800 Jahre«, resümierte der frühere Landesmuseums-Chef Heinz Cüppers (1929–2005), der damals die archäologischen Untersuchungen geleitet hat. Das traditionell klamme Trier kann solche Form von beruhigender Stabilität gut gebrauchen. Wollte man die Porta Nigra neu bauen, dann müsste man, so hat Cüppers 2002 ausgerechnet, gut 50 Millionen Euro investieren. Was locker bezahlbar wäre mit der Gesamtauflage der 2017 erschienen 2-Euro-Sondermünze mit Porta-Abbildung: 30 Millionen Stück.

Der tut nichts, der will nur (schau)spielen

Nach heutigen finanziellen Maßstäben geriete der Bau der sechseinhalb Kilometer langen Stadtbefestigung einschließlich der vier Torburgen und vier Dutzend Türme wohl zum Milliardending.

Weitaus weniger tief in die Tasche muss greifen, wer die spannende Porta-Nigra-Historie per Erlebnis-Führung erfahren will. Verkörpert von einem Schauspiel-Profi, geistert in der Tourismus-Saison der »Zenturio« durch das altehrwürdige Gemäuer und erteilt für eine Handvoll Euro Besuchergruppen eindrucksvollen Geschichtsunterricht.

HAUPTMARKT

Fast 1100 Jahre jung

Einer der schönsten Plätze in Deutschland! Und dazu einer der ältesten. Seine Geburtsstunde schlug 958, als Erzbischof Heinrich I. den Markt von der Römerbrücke vor die Domstadt verlegte. Hier hatte Heinrich, zugleich Triers weltlicher Herrscher, das Geschehen im Blick. Weithin sichtbares Zeichen der neuen Ära: das steinerne Hochkreuz. Es symbolisierte zum einen die Herrschaft des Erzbischofs und sein Anrecht auf Steuern und Marktzölle, aber auch den gesicherten Marktfrieden in unmittelbarer Nähe des zur Festung ausgebauten Dom-Berings.

Die einzelnen Elemente des Hoheitszeichens bilden eine bemerkenswerte Kombination aus Neu und Alt. Kreuz (mit Gotteslamm, Kreuzstab und Banner) sowie Blattkapitell sitzen auf einer recycelten römischen Granitsäule. Diese stammt wie der Domstein aus dem im 4. Jahrhundert aus dem Odenwälder Felsenmeer bezogenen Material, das im spätantiken Dom verbaut wurde.

Triers gute Stube: Der Hauptmarkt mit St. Gangolf, Marktkreuz und Steipe

Anno 958, drei Generationen nach dem verheerenden Normannen-Überfall von 882, präsentierte sich Trier als spärlich besiedeltes und verwildertes Trümmerfeld ohne Zentrum. Heinrichs Stadtentwicklungsmaßnahme zeigte bald Wirkung. Die Ruinenstadt besaß nun einen neuen Siedlungskern, ein neues Herz, wie es in der Römerzeit das Forum gewesen war. Händler und Handwerker ließen sich in der neuen Mitte nieder. Erst entstanden vereinzelte Holzbuden um den Platz, später Fachwerkhäuser und steinerne Bauten.

Der unregelmäßige dreieckige Platz-Grundriss kristallisierte sich im späten Mittelalter heraus. Er entspricht damaligen Trampelpfaden. Hier gabelte sich die Simeonstraße Richtung Süden in Graben- und Brotstraße; rechts an der Marktkirche St. Gangolf vorbei ging es nach Südwesten (Fleischstraße) zur weit und breit einzigen Moselbrücke.

Der heutige Reiz des Hauptmarkts resultiert vor allem aus seiner Authentizität. Seine Bebauung besteht zu zwei Dritteln aus Original-Häusern der Renaissance, des Barock, des Klassizismus und des Späthistorismus. Die drei Fachwerkhäuser Hauptmarkt 22/23 und Simeonstraße 37 aus dem frühen 17. Jahrhundert sind die ältesten erhaltenen Gebäude, während – Ironie der Geschichte – die heutige Steipe als Nachbau des 1944 zerstörten Originals aus dem 15. Jahrhundert zu den wenigen Neubauten zählt.

Und mitten auf dem Hauptmarkt das Kreuz. Unverrückt überstand es alle Stürme und Wirren. Bis zum Beginn des 20. Jahrhunderts. Der Siegeszug des motorisierten Verkehrs erforderte umfassende Neugestaltungen der großen Plätze, Straßen und Bürgersteige. Im Zuge des Hauptmarkt-Umbaus musste das Denkmal weichen und erhielt einen neuen Standort, drei Meter weiter Richtung Porta Nigra. Der Sinn dieser Minimal-Verlegung erschließt sich heute nicht mehr. Es existieren offenbar weder Aufzeichnungen noch Zeitungsberichte. Möglicherweise handelte es sich um puren Zufall: Die eifrigen Planer hatten im Bau-Getümmel schlicht vergessen, wo das Kreuz vorher stand.

Die jüngere Geschichte lässt sich ohne Spekulationen nachvollziehen. 1943 aus begründeter Furcht vor Luftangriffen in einen Trier-Wester Felsenbunker »evakuiert«, erlebte das Wahrzeichen am Peter-und-Paul-Tag (29. Juni) 1945 seine von den Trierern herbeigesehnte Renaissance – als Symbol des Friedens und des Wiederaufbaus.

Bis zum nächsten Abbau von Kreuz und Kapitell vergingen nur knapp zwei Jahrzehnte. Ein Kunststein-Abguss ersetzte ab 1964 das angewitterte Original, das seither in der Dauerausstellung des Stadtmuseums Simeonstift steht.

Doch auch an der Kopie nagten der Zahn der Zeit und Umwelteinflüsse ganz empfindlich, bis sich die Denkmalpflege zu einer »richtigen« Nachbildung entschloss, um das Kreuz in ursprünglicher Gestalt und Farbfassung wieder erlebbar zu machen. Der Trierer Bildhauer Thomas Föhr fertigte 1988 die Nachbildung aus Sandstein einschließlich des spätgotischen Petrus-Reliefs und einer Sonnenuhr, die dem Original vermutlich im späten 15. Jahrhundert hinzugefügt worden war.

Es weihnachtsmarktet sehr: Der Hauptmarkt im Advent

Über dem Hauptmarkt erhebt Petrus sein Haupt. Der kindsgroße steinerne Stadtpatron krönt den 1595 gebauten Marktbrunnen (Fotos auf den Seiten 95 und 105). Aufmerksame Betrachtung verdient Petrus' detailfreudiger Unterbau. Um den Brunnenschaft herum gruppierte der Bildhauer Hans Rupprecht Hoffmann die vier Kardinaltugenden: Prudentia (Klugheit) mit Spiegel und Schlange, Temperantia (Mäßigung) mit Wein und Wasser, Fortitudo (Stärke) mit zerbrochener Säule sowie Justitia (Gerechtigkeit) mit Waage und Schwert. Sehr untugendhaft geht es hinter dem Tugenden-Quartett zu. Affen frönen dort lasterhaften Betätigungen – was seit der ersten Brunnen-Generalsanierung 1983 (eine weitere folgte 2013) besonders gut zur Geltung kommt. Als nach getaner Arbeit die Gerüste und Planen fielen, hallten Entsetzensschreie durch Triers gute Stube. Tatsächlich hatte der beauftragte Schweizer Restaurator ohne gesicherte Kenntnisse über die ursprüngliche Farbgebung ins Blaue hinein rekonstruiert. Doch die Aufregung über die angebliche Überdosis Kitsch währte nicht lange. Bereits der nächste Weihnachtsmarkt rückte die Relationen wieder zurecht, und die anfängliche Empörung wich dem Gewöhnungseffekt.

Erzbischof Heinrich würde heute »seinen« Platz nicht mehr wiedererkennen. Doch erfuhr er für seine Pioniertat eine späte Würdigung: 1958, zur 1000. Geburtstag des Hauptmarkts, benannte der Stadtrat eine Straße in Neu-Heiligkreuz nach dem Gründervater der Stadtplanung.

Schokoseite und ungewohnte Perspektive: Fachwerkhaus-Ensemble und Blick vom Gangolfsturm Richtung Porta

STEIPE

Schönster Schein

Sprechen können sie nicht, die beiden steinernen Ritter, und dennoch sagen sie alles. Der linke schaut freundlich Richtung Bürgerkirche St. Gangolf. Der Kollege rechts hat die Domstadt fest im (heruntergeklappten) Visier. Unmissverständlich seine Botschaft: Passt gut auf, ihr drüben! Ihr könnt uns gar nichts, außer mal kreuzweise!

Der Figurenschmuck an der Steipe zeugt von Selbstbewusstsein und Freiheitswillen, aber letztlich auch von Ohnmacht. Die stolze Trierer Bürgerschaft genoss nur beschränkte Befugnisse in der eigenen Stadt. Der wahre Herrscher saß auf dem Bischofsstuhl.

Für das Fest- und Versammlungshaus der Bürgerschaft konnte es also keinen besseren Standort geben als die Westseite des Hauptmarkts – genau vis-à-vis der Hochburg des Klerus. In mehreren Etappen zwischen 1430 und 1483 in spätgotischem Stil errichtet, erhielt der turmartige Bau seinen Namen nach den Stützpfeilern (»Stypen«), die drei Stockwerke und ein steiles Dach trugen und im Erdgeschoss Arkaden bildeten. Zum Erbauer-Stolz gesellte sich Wunschdenken: »Vor Rom stand Trier 1300 Jahre« verkündete an der Steipen-Front die Inschrift, die Triers Entstehungs-Sage auf den Punkt bringt.

Natürlich in Gold: Restaurator Stefan Schwarz erneuert die „Vor Rom stand Trier ...“-Inschrift am Roten Haus

Heutzutage erntet man für solche Behauptungen ein mitleidsvolles Lächeln. Im Mittelalter hingegen ließ sich damit noch Eindruck schinden. Wer sollte sie denn widerlegen? Und womit? In deutschen Landen besaß keine Stadt mysteriösere Trümmer. Möglicherweise glaubten damals die Lokalpatrioten selbst an den historischen Humbug, jedenfalls versuchten sie mit Inbrunst und Einfallsreichtum der klerikalen Knute zu entrinnen und die »Reichsunmittelbarkeit« zu erlangen. Einzig dem Kaiser wollten sie zu Gehorsam verpflichtet sein. Letztendlich ohne Erfolg. Das Reichskammergericht in Speyer beendete anno 1580 den Jahrhunderte alten Streit und bestätigte den Kurfürsten zum Herrn über Stadt und Trierer Land.

Der Bedeutung der Steipe tat diese Niederlage keinen Abbruch. Im Erdgeschoss tagte das Marktgericht und hatte der Zender, der Polizeichef, seinen Amtssitz. Die Obergeschosse beherbergten Gasträume. Hier pflegten die Schöffen und Ratsherren nach »Feierabend« zusammenzukommen, was nicht selten in wüste Trinkgelage ausartete. Und hier empfing und bewirtete die Stadt auswärtige Gäste, denn für repräsentative Anlässe bot das Rathaus (Fleischstraße/Kornmarkt) keinen Platz. Triers Herz schlug schon damals am Hauptmarkt.

Fast ein halbes Jahrtausend lang prägte die Steipe das Erscheinungsbild des zentralen Platzes, dann machten wenige Augenblicke alles zunichte. Eine Druckbombe ließ am 21. Dezember 1944 vom einstigen Bürgerstolz und zwei Nachbarhäusern aus dem 16. Jahrhundert nicht mehr als einen großen Schutthaufen übrig. Ein Schicksal, das gut ein Drittel der Gebäude in der Altstadt traf. Angesichts der verheerenden Schäden nach drei britischen Bombenangriffen an den 1944er Vorweihnachtstagen sprachen Historiker von Triers »schwärzester Stunde seit dem Normannen-Sturm« von 882.

Die Steipe blieb nahezu ein Vierteljahrhundert von der Bildfläche verschwunden. Dann feierte sie auf wundersame Weise Auferstehung. Der Stadtrat beschloss nach langen und kontroversen Diskussionen den historisch getreuen Wiederaufbau des zerstörten Ensembles und übertrug ihn per Erbbaurechtsvertrag an die Kölnische Lebensversicherung. Die ließ sich das von den Trierern sehnlichst herbeigewünschte Projekt rund 5 Millionen Mark (gut 2,5 Millionen Euro) kosten. Seit Sommer 1970 strahlt die Steipe, das Kronjuwel im städtebaulichen Gesamtkunstwerk Hauptmarkt, wieder an Ort und Stelle. 2002/03 einer kräftigen Neugestaltung im Inneren und im Frühjahr 2020 einer Außenrenovierung unterzogen, zieht sie als Café-Restaurant und Domizil des Spielzeugmuseums Touristen wie Einheimische an.

Puristen streiten darüber, was denn Triers wahres Stadtsymbol sei. Die Porta Nigra, das Marktkreuz oder die Steipe? Dabei ist die Antwort ganz einfach: alle drei! Diesen Luxus darf sich Trier angesichts seiner fast 2040-jährigen Geschichte erlauben: ein Symbol für römischen Imperialismus, eines für die Entstehung der mittelalterlichen Stadt und eines für Stolz und Freiheitswillen der mittelalterlichen Bürgerschaft. Dass es sich bei der heutigen Steipe um eine »disneylandeske« Kopie handelt, einschließlich des Figurenschmucks, dessen Originale im Stadtmuseum zu bewundern sind, stört nicht wirklich. Schöner Schein, den niemand mehr missen möchte.

Auferstanden aus dem nichts: 25 Jahre nach der Zerstörung feierte die Steipe ihr Comeback – als äußerlich originalgetreue Rekonstruktion

ST. GANGOLF

Eine Frage der Lufthoheit

Messdiener in St. Gangolf gewesen sein! Das adelt und hebt vom Rest der männlichen Bevölkerung Triers hervor.

Das jedenfalls behaupten nicht wenige der noch lebenden Ex-Ministranten der Marktkirche. Solche, die nicht von den Eltern zur aktiven Gottesdienst-Rolle genötigt worden sind, sondern sich aus freien Stücken als Stufengebet-Runterleierer, Weihrauchgefäß- Schwenker, Klingelbeutel-Anreicher und Hostienausgabe-Assistenten betätigt haben. Das augenzwinkernd dick aufgetragene Selbstverständnis der Alt-Gangolfer hat immerhin einen historischen Hintergrund.

Schon Vergangenheit: St. Gangolf vor dem 2021 gestarteten großen Sanierungsprojekt, das im Inneren viele Veränderungen bringt

Seit mehr als 500 Jahren 62 Meter hoch: der Gangolfsturm

St. Gangolf – das war stets die Kirche der Bürger, der Bevölkerungsmehrheit also, die sich über Jahrhunderte hindurch mit der mächtigen Geistlichkeit aus der Domstadt zoffte. Dabei ging es um Prestige, um Machtanspruch und um ganz handfeste wirtschaftliche Interessen. Denn das letzte Wort in Trier hatte der Kurfürst und Erzbischof (Doppeljob in Personalunion). Er prägte Münzen, kassierte die Steuergelder, ihm waren alle Trierer zu Gehorsam verpflichtet.

Ihren Unabhängigkeitsanspruch bekundete die unverdrossen renitente Bürgerschaft zu Beginn des 16. Jahrhunderts auf unübersehbare Weise. Sie stockte den Kirchturm von St. Gangolf um zwei auf sechs Etagen auf. Adelheid von Besselich, Witwe des in der Verbannung gestorbenen Bürgermeisters Clas von Zerf, sponserte das 1507 abgeschlossene Projekt.

Beim Rivalen von schräg gegenüber herrschte große Aufregung. Mit nunmehr 62 Metern überragte St. Gangolf die Dom-Türme deutlich. Erzbischof Richard von Greiffenklau rüstete nach. Er ließ den Südwest-Turm des Doms erhöhen und gewann 1515 die »Lufthoheit« zurück.

Die Resultate des damaligen Wettrüstens prägen das Stadtbild noch heute: Auf der einen Seite die Marktkirche mit der formschönen Turmgalerie samt vier Ecktürmchen, auf der anderen die Bischofskirche mit ihrem uneinheitlichen Westturm-Paar.

Der Bürgerschaft blieb der praktische Nutzen. Sie quartierte zwei Türmer in St. Gangolf ein, die abwechselnd in luftiger Höhe Feuerwache hielten. Der diensthabende Feuermelder alarmierte die Brandwehr mit dem »Zündel« (1549 gegossene Glocke), die Einsatzrichtung wurde per Fahne, bei Dunkelheit per Laterne angezeigt. Erst 1905 ging der letzte aus der langen Reihe der Türmer in Ruhestand.

In den Vorweihnachtstagen 1944 erlitt die Kirche massive Schäden. Bomben zerstörten den gesamten Dachstuhl.

Selbst als Ruine verrichtete St. Gangolf einen wertvollen seelsorgerischen Dienst. Der aus der Ferne unversehrt wirkende Turm war das Erste, was die ab Frühjahr 1945 aus der Evakuierung zurückkehrenden Trierer von ihrer Heimstadt sahen. Viele von ihnen berichteten später, sie seien bei diesem Anblick in Schweich und Ehrang auf die Knie gefallen und hätten Tränen der Freude und Dankbarkeit geweint.

Ende der 50er-Jahre umfassend saniert, präsentiert sich seit 1984 das zuvor unvorteilhaft angegraute Gotteshaus in rekonstruierter Farbfassung.

An der leichten Neigung des Kirchturm-Dachs hat niemand etwas geändert, auch nicht, als 2015/16 der Turm umfassend saniert wurde. Sie scheint ohnehin nur Touristen aufzufallen, während Einheimische in großes Staunen geraten, wenn man sie auf die besonders von der Fleischstraße und ausgerechnet vom Domfreihof aus gut zu erkennende Schieflage aufmerksam macht.

Gründe gibt es genug, stolz zu sein auf St. Gangolf. Auch wenn letzten Endes die »Konkurrenz« vom Dom den längeren Atem hatte. Anno 2000 machte sich das Bistum an die Umorganisation und Fusion der Pfarreien. St. Gangolf verlor die Eigenständigkeit und firmiert seither als Teil der Innenstadtpfarrei Liebfrauen.

Die Finanzstrategen im Rathaus profitieren nicht von dieser Reform. Sie müssen nach wie vor jährlich 15 Euro aus dem Stadtsäckel ans Pfarramt überweisen – Gegenleistung für einen sympathischen Anachronismus: das allabendliche Schlagen der »Lumpenglocke«, die um 22 Uhr alle, die noch unterwegs sind, zur Heimkehr mahnt. Neuzeitliche Nachtschwärmer kriegen davon kaum etwas mit. Die haben sich so früh am Abend noch gar nicht auf die Piste begeben …

Trierischer Anachronismus: die Lumpenglocke

Leider wenig beachtet: Das barocke Portal am Hauptmarkt in der Hinteransicht

DOM

Dominante Kathedrale

Man stelle sich vor: der Eiffelturm doppelt so hoch. Oder der Turm von Pisa 100 Prozent schiefer. Dann lässt sich die Proportion nachvollziehen. Das, was uns heute als Dom und Liebfrauen begegnet, verkörpert gerade einmal die Hälfte dessen, was vor 1600 Jahren hier stand. Und das, was heute hier steht, ist immer noch mehr als genug, um Besucher aus aller Welt nachhaltig zu beeindrucken.

Wenn irgendwo in Trier der Superlativ angebracht ist, dann hier. Der Dom ist der rote Faden durch die Stadtgeschichte und gleichermaßen die Klammer, die zwei Jahrtausende Trier und Christentum umfasst. Hier haben alle Epochen ihren Beitrag geleistet und Spuren hinterlassen.

Stilvoll: Der römische Quadratbau ist der älteste Teil des Doms, in dem bis zur Gegenwart alle Phasen der Bau-, Kunst- und Glaubensgeschichte ablesbar sind

Ob wirklich, wie die Sage berichtet, Kaiserin Helena ihren Palast geopfert hat, um Platz für das Haus des Christengottes zu schaffen, müssen weitere Forschungen ergeben. Fest steht aber: Auf dem Gelände der Domstadt liegen tatsächlich die Anfänge des organisierten Christentums in Deutschland. Hier irgendwo, mitten in einem noblen Stadtviertel an der Stelle der heutigen Dom-Information, trafen sich in der zweiten Hälfte des 3. Jahrhunderts die Trierer Gemeindemitglieder zur Eucharistiefeier. Zunächst wohl noch im Geheimen, denn die Christen galten als Staatsfeinde.

Als ihnen Kaiser Konstantin im Toleranzedikt von Mailand (313) Religionsfreiheit gestattete, brachen die Dämme. In mehreren Bauphasen mutierte die Keimzelle binnen weniger Jahrzehnte zu einer der größten Kirchenanlagen des Imperiums, bestehend aus vier dreischiffigen Basiliken. Die Frühzeit des Doms lebt fort im so genannten Quadratbau, dem Kern der Kathedrale. Und auch im Domstein. Der geborstene Monolith, der 1614 beim Bau des Allerheiligenaltars (Grabaltar von Erzbischof und Kurfürst Lothar von Metternich) ausgegraben, aus dem Inneren herausgeschafft wurde und seither links vor dem Dom-Haupteingang liegt, trug in der Spätantike mit drei weiteren Säulen die Flachdecke des Quadratbaus. Er zeugte schon damals von der Macht des Christentums. Von jenseits des Rheins, aus dem Felsenmeer im Odenwald, waren die Granitsäulen im späten

Blick vom Gangolfsturm: Dom und Liebfrauen

4. Jahrhundert in die Kaiserstadt gebracht worden. Jede einzelne zwölf Meter hoch und 65 Tonnen schwer.

Heutige Fachleute runzeln die Stirn, wenn man sie fragt, wie Transport und Aufstellung vonstatten gegangen sein könnten. Auf jeden Fall generalstabsmäßig ausgeklügelt. Der Odenwald lag weit entfernt im germanischen Feindesland. Der Steinbruch im Felsenmeer muss demnach militärisch geschützt gewesen sein, um das Luxus-Baumaterial gewinnen zu können. Und möglicherweise bereits roh zu behauen. Die Transporteure waren sicher froh um jeden Zentner, den sie weniger zu bewegen hatten. Erst einmal fast 30 Kilometer bis zum Rhein. Ganz sachte, denn edle Steinsäulen bestrafen Erschütterungen auf fatale Weise: Ein kleiner Riss, und schon ist die komplette Arbeit für die Katz. Dann auf Schiffe oder Flöße und stromabwärts bis Confluentes (Koblenz). Und spätestens hier, am Zusammenfluss von Mosel und Rhein, wechselte die Transporttechnik: Nun war Treideln angesagt, das Ziehen der Schiffe mit Muskelkraft gegen den Strom und um all die vielen Biegungen der Mosella herum.

Eine Oase der Stille: der gotische Kreuzgang des Doms

Auf Augenhöhe:
der Hahn des Nordwest-Turms

Für alle Fälle: Die fast 1000 Jahre alte Dom-Westfassade bietet immer eine gute Kulisse

Selbst für die mit einem gewaltigen Bauprogramm verwöhnte Kaiserstadt Treveris dürfte das Eintreffen jedes einzelnen der Granit-Giganten nach 350 Flusskilometern ein gewaltiges Spektakel gewesen sein. Sollte sich so weit im Norden des Imperiums die Kunde von den pharaonischen Obelisken herumgesprochen haben – hier erfuhr sie ihre Bestätigung. Ein riesiges Aufgebot emsiger Arbeiter schaffte die Stützpfeiler der neuen Staatsreligion vom Hafen über die Ringstraße, die außerhalb der Stadtmauer verlief, erst zur Porta Martis, dem Nordtor, und dann zur Großbaustelle Christenkirche. Die erstreckte sich über zwei eigens aufgegebene Häuserinseln (insulae) in exklusiver Lage, so wie es dem ambitionierten und beispiellosen Projekt gebührte. Der rund 45 Meter hohe Quadratbau im nordöstlichen Abschnitt überragte selbst die großen Torburgen und Konstantins Basilika deutlich. Das Granitsäulen-Quartett in seinem Inneren erfüllte die tragende Rolle nur wenige Jahrzehnte. Die zahlreichen Zerstörungen Triers im 5. Jahrhundert verschonten auch und erst recht nicht das Gotteshaus der Christenheit. Vom Quadratbau blieben nur die Grundmauern stehen. Der Rest: ein Trümmerhaufen. Dem Dom in seiner heutigen Gestalt standen viele große Männer Pate. Allen voran Bischof Nicetius, der im 6. Jahrhundert mit Hilfe eigens angeheuerter Bauleute aus Italien den Ruinen-Komplex teilweise wieder instand setzte und nutzbar machte. Und natürlich Erzbischof Poppo (1016–1047). Er orientierte sich beim Bau der Westfassade an den Dimensionen, die die römischen Baumeister vorgegeben hatten und gab dem Dom ein »Gesicht«. Ein halbes Jahrtausend später verpasste Nach-Nachfolger Richard von Greiffenklau dem romanischen Antlitz ein »Lifting«, indem er – als Antwort auf die Erhöhung des Gangolfsturms – 1515 den rechten der bis dahin gleich großen Poppo-Türme aufstockte und den Anspruch »Hohe Domkirche« auf eigene Weise untermauerte. Der Greiffenklau-Turm ist seither unübertroffener Höhepunkt im Moseltal.

Spitze: Der Greiffenklau-Turm des Doms ist das höchste Gebäude in Trier Talstadt

Unübertrefflich auch der Dom als Gesamtkunstwerk. Er verkörpert Weltkulturerbe par excellence. Seine einzigartige Synthese aus Stilen und Epochen von der Antike bis heute bildet eine atemberaubende Einheit, zu der auch die an der Südseite angebaute Liebfrauenkirche gezählt werden muss. Erbaut 1227 bis 1260 von in ihrer Heimat beschäftigungslos gewordenen Spezialisten aus der Ile de France und der Champagne auf dem Grundriss einer zwölfblättrigen Rose, gilt sie als Juwel gotischer Baukunst.

Der inzwischen reichlich polierte Domstein gilt hingegen als »dienstälteste Rutschbahn der Welt«. So mancher Exil-Trierer lässt es sich beim Besuch der Heimatstadt nicht nehmen, seiner nostalgischen Ader freien Lauf zu lassen und seinen Hosenboden zu strapazieren. So ganz wie im Gedicht: Om Duhmstaan sei mer romgerötscht …

PALAIS WALDERDORFF

Bruchbude, Zankapfel, Schmuckstück

Die Menge macht's. Jedes einzelne Element für sich genommen, darf keines einen Anspruch auf herausragende oder originelle Architektur erheben. Seine Wirkung erzielt das Palais Walderdorff als Ensemble: ein Sammelsurium an Stilen und Funktionen. Aber das auch erst seit wenigen Jahrzehnten.

Trotz klassischer Zentrallage zwischen Domfreihof und Hauptmarkt genoss der aus insgesamt acht voneinander unabhängigen Gebäuden zusammengewachsene Palais-Komplex im öffentlichen Bewusstsein lange nur einen eher untergeordneten Stellenwert. Klar, hier wurde gelesen, geschwoft, gelernt, geheiratet. Aber trotz Stadtbücherei, Volkshochschule, Jugendtreff oder Standesamt spielte das Palais eine städtebauliche Mauerblümchen-Rolle. Daran änderte selbst Napoleon nichts, der anno 1804 bei seiner Trier-Visite hier logiert hatte. Die Bedeutung historischer Momente hat mitunter eine geringe Halbwertszeit.

Mitte der 1990er-Jahre änderte sich das schlagartig. Im Zuge der Umgestaltung des Domfreihofs rückte auch das reichlich marode

Illustres Ensemble: das Palais Walderdorff

Die »graue Maus« im Hinterhof

gewordene Palais ins Rampenlicht und geriet zum Zankapfel. Die Stadt verkaufte den Bering zum symbolischen Preis von 1 Mark an die Nikolaus-Koch-Stiftung (gegründet von Luise Koch, Witwe des 1982 verstorbenen letzten Verlegers des Trierischen Volksfreunds). Wütende Kritiker bezichtigten das Rathaus daraufhin des Verrats an einem Denkmal und der Trierer Geschichte.

Wenige Jahre später waren die meisten kritischen Stimmen schon wieder verstummt. Die Stiftung hatte rund 15 Millionen Euro in Umbau und Generalsanierung investiert und der angeblichen Schnäppchen-Immobilie einen Hauch von dem verpasst, was die Bezeichnung Palais überhaupt erst rechtfertigt: Glanz – und zusätzlich eine weitgehend öffentliche Nutzung mit den gleichen städtischen Einrichtungen wie zuvor: Bibliothek, Volkshochschule und Standesamt (auf gemieteten Flächen) plus Gastronomie und Textilhandel, 2019 abgelöst durch einen Drogeriemarkt.

Auch wenn die Meinungen über die Farbgebung weit auseinander gehen: Das wachgeküsste Dornröschen strahlt und setzt einen würdigen Akzent gegenüber dem Dom. Das wohl ganz im Sinne von Johannes Seiz, der 1765/66 an der Ecke Sternstraße/Domfreihof das eigentliche Palais als Domkurie gebaut hat. Zu jenem Zeitpunkt stand die Dompropstei (rechts daneben) bereits seit acht Jahren. Der Palais-Errichtung folgten der Zwischentrakt entlang der Sternstraße und als jüngstes der Barockgebäude die von 1774/76 stammende ehemalige Polizei-Hauptwache am Hauptmarkt.

Die meisten der übrigen zum Palais zählenden Gemäuer entstammen dem 19. Jahrhundert, als die Preußen vom Domfreihof aus den Regierungsbezirk Trier verwalteten. Deshalb sprechen viele ältere Trierer noch heute von der »alten Regierung«, ebenso wie bei ihnen die Kaiser-Wilhelm-Brücke »neue Moselbrücke« und der Kaufhof in der Sim »Hägin« heißt.

Noch mehr Namen gibt es für den Turm Jerusalem, den mit Abstand betagtesten Teil des Palais-Berings. Der um 1100 errichtete romanische Wohnturm firmierte im 18. Jahrhundert als »Heidenturm«, in der Preußenzeit als »Regierungsturm«. Der heute wieder gebräuchliche Beiname »Jerusalem« leitet sich von einem romanischen Domherrenhaus ab.

Hier kann man sich trauen (lassen):
Der Turm Jerusalem dient heute unter anderem als Standesamt

Über Jahrzehnte hinweg die »graue Maus« im Hinterhof, entpuppte sich der Turm Jerusalem bei den Umbauarbeiten als der eigentliche Knüller auf dem Palais-Areal. Die Entdeckung des bis dahin völlig unbekannten, weil verschütteten Erdgeschosses vermittelt ein neues Bild von der Topografie der mittelalterlichen Domstadt. Wie sein bekannterer Zeitgenosse, der Frankenturm in der Dietrichstraße, war der Turm Jerusalem in seinen Anfangszeiten deutlich höher und besaß einen Zinnenkranz. Seit seiner Runderneuerung beherbergt er das Standesamt.

Wer sich heutzutage traut, der kann dies in einem glänzenden Ambiente tun, ganz im Gegensatz zum Vorgänger-Standesamt in Walderdorffs Palais. In Sommermonaten gibt es großes Publikum gratis dazu. Die Außengastronomie der Palais-Gaststätten boomt. Bei der Aussicht kein Wunder. Unvorstellbar, dass vor noch nicht allzu langer Zeit wild wuchernden Platanen und Autoblech den Blick auf das großartige Weltkulturerbe-Doppel Dom und Liebfrauen verstellt haben.

JUDENGASSE

Vertane Chance

Trendkneipe an Trendkneipe, grelle Neonwerbung, Nachtruhe-freie Zone. Nur wenig in dem Seitengässchen lässt die historische Bedeutung des Ortes erahnen. Schlichte Hinweistafeln am Bogentor im Fachwerkhaus Hauptmarkt 23 klären auf: Die Trierer Juden wohnten im Mittelalter in einem eigenen Viertel am Hauptmarkt, begrenzt von heutiger Jakob- und Stockstraße sowie dem Stockplatz. Seine Ursprünge sind etwa so alt wie der Zentralplatz (seit 958), wenn auch die älteste bekannte schriftliche Erwähnung der jüdischen Gemeinde erst aus dem Jahr 1066 datiert.

Drei größere Tore führten in das Judenviertel; nur das am Hauptmarkt existiert noch. Nicht alle Bauten fielen dem Zahn der Zeit, Zerstörungen oder Neubauprojekten früherer Jahrhunderte zum Opfer. Noch bis 1983 durfte sich Trier rühmen, in dem Gebäude Judengasse 2 das älteste erhaltene jüdische Wohnhaus Deutschlands zu besitzen. Der Verkauf an einen privaten Investor – die Trierer Gesellschaft für Christlich-Jüdische

Nomen est omen: Die Judengasse, Teil des mittelalterlichen jüdischen Stadtviertels

Gedenkort hinter Mauern: der jüdische Friedhof in der Trier-Süder Weidegasse

Zusammenarbeit hatte sich erfolglos um den Erwerb bemüht – bedeutete das Ende der historischen Bausubstanz. Nach Komplett-Auskernung und Umbau nach einem Brand blieb lediglich die neuzeitliche Fassade des Hauses aus dem 13. Jahrhundert übrig.

Chance vertan! Bedauerlich, denn die bis zu 300-köpfige jüdische Gemeinde, im Mittelalter eine der größten im deutschsprachigen Raum, spielte eine bedeutende Rolle in Triers Geschichte. Aus anderen Gegenden Westeuropas vertrieben, brachten die Juden einen Hauch weiter Welt in ihre zum Provinznest degenerierte neue Heimat an der Mosel. Als Ärzte, Kaufleute, Bankiers und Rechtsgelehrte boten sie ökonomische und intellektuelle Lichtblicke in Triers eher trübem Hochmittelalter.

Der Erfolg Balduins von Luxemburg (1317–1354) basierte nicht zuletzt auf dem Know-how jüdischer Fachleute, von denen sich der mächtigste der Trierer Kurfürsten beraten und in Finanzangelegenheiten unterstützen ließ. Doch diese Blütezeit der jüdischen Gemeinde ging nahtlos in ein finsteres Kapitel über. 1349, in Balduins Abwesenheit, kam es wie in vielen anderen deutschen Städten auch in Trier zu einem Pogrom: Den Juden schob man die Schuld für die Pest in die Schuhe.

Zaghaften Versuchen eines Neuanfangs im Miteinander bereitete Erzbischof Otto von Ziegenhain ein jähes Ende. Er vertrieb 1418/19 die jüdischen Mitbürger aus dem Trierer Land. Erst 200 Jahre später siedelten sich wieder Juden in der Stadt an. Nicht mehr in ihrem einstigen Viertel, sondern an der Peripherie der Stadt im Bereich Weberbach/Rahnenstraße.

Die weitere Entwicklung der Judengasse steht in den Sternen. Eine private Initiative, dort ein jüdisches Museum zu eröffnen, führte nicht zum Erfolg. Das Warten auf eine würdige Zukunft für ein bedeutendes Stück Vergangenheit geht weiter.

Synagoge in der Kaiserstraße

Dafür tut sich an anderen Stellen etwas. So gibt es regelmäßige Führungen über den Friedhof an der Weidegasse. Auf dem in der Mitte des 17. Jahrhunderts und bis 1922 belegten Begräbnisplatz sind mehr als 500 Grabsteine erhalten, darunter die des Großvaterd und des Urgroßvaters von Karl Marx.

FRANKENTURM

Wolkenkratzer aus Trümmer-Recycling

Das hätte sich Franco von Senheim wohl auch nicht träumen lassen: Die einzigen, die an der Schwelle zum dritten Jahrtausend seinen stolzen Wohnturm so richtig zu schätzen wussten, waren die Altstadt-Tauben. Zu Hunderten bevölkerten sie das Schmuckstück mittelalterlichen Komforthaus-Baus. Dann endlich rückte die komplette Umgestaltung des ehemaligen Volksfreund-Verlag-Geländes das so lange verwaiste Gemäuer in der Dietrichstraße wieder in den Blickpunkt.

Dem Frankenturm gaben keine Franken seinen Namen, sondern Franco von Senheim, im späten 14. Jahrhundert sein Besitzer. Das romanische Burghaus steht für den Beginn einer neuen Epoche in Triers Siedlungsgeschichte. Um das Jahr 1100 hatten die reichen Bürgerclans es endgültig satt, ihr Dasein in Hütten aus Lehm und Holz zu fristen – ausgenommen diejenigen, die sich bereits Generationen zuvor in mächtigen Römerruinen wie Kaiser- und Barbarathermen häuslich eingerichtet hatten. Wer es sich leisten konnte, errichtete seine eigenen vier Wände aus Stein.

Das Mittelalter fraß die Antike auf

Selbst bei den mittelalterlichen Häusle-Bauern standen die Römer Pate. Warum denn in die Ferne schweifen, wenn das Gute liegt so nah? Genau genommen überall und zuhauf im Stadtgebiet, das noch übersät war mit Trümmergrundstücken. »Das Mittelalter fraß die Antike auf«, bringt es der Trierer Archäologe und Uni-Professor Lukas Clemens auf den Punkt. Für das Frankenturm-Projekt ließ sich alles wiederverwerten: Sandsteinquader à la Porta Nigra für das Erdgeschoss und die Mauerecken, kleinere Kalksteine fürs Mauerwerk. Selbst der Sinn für geschmackvolles Dekor kam nicht zu kurz. Bänder aus flachen Ziegeln zieren in regelmäßigen Abständen die Fassade. Das Resultat des Material-Recyclings konnte sich sehen lassen. Fast 25 Meter hoch und in 1a-Lage errichtet: nur einen Steinwurf entfernt vom Hauptmarkt, dem Herzen der Stadt.

Gut eingefügt und immer noch herausragend: der Frankenturm

Und alles andere als eine bescheidene Behausung. Für damalige Verhältnisse sogar ein echter Wolkenkratzer. Gerade mal ein Dutzend Stadtadels-Geschlechter genossen im 12. Jahrhundert den Komfort solch wahrhaft herausragender und wehrhafter Domizile, in denen man sich zur Not für längere Zeit verschanzen konnte. Denn das damalige Trier besaß noch keine Rundum-Befestigung. Bis zur Fertigstellung der Stadtmauer sollten noch einige Jahrzehnte vergehen.

Die Bauweise des Frankenturms verrät viel über die unruhigen Zeiten in der offenen Stadt. Das Sicherheitsbedürfnis war größer als die Lust auf Licht und Aussicht. Lediglich zur Nordseite (Dietrichstraße) hin gibt es zwei Rundbogenfenster; die übrigen Öffnungen wirken wie Schießscharten. Der Original-Eingang befindet sich an der Ostseite im ersten Stock, zu erreichen über eine einziehbare Holztreppe.

Wie lange der düstere Turm als Wohnhaus diente, ist ungewiss. Doch bereits in Franco von Senheims Zeiten dürfte er als unmodern und überholt gegolten haben. Erst Friedrich von Kutzbach (1873–1942), Triers hochverdienter Stadtkonservator, lenkte die öffentliche

Die Antike lässt grüßen: Über dem Original-Eingang im ersten Obergeschoss wurde als Türsturz ein halbrunder Stein von einem Grabmal aus dem 2. Jahrhundert verbaut

Aufmerksamkeit wieder auf das inzwischen zur Ruine verkommene und zum Lagerraum degradierte Baudenkmal.

Ausgerechnet die Nationalsozialisten realisierten Teile von Kutzbachs Rekonstruktionsplänen, allerdings nicht in seinem Sinne. 1938 wieder aufgebaut – um ein Stockwerk niedriger als ursprünglich – sollte der Turm als HJ-Heim dienen und einen Fahnensaal erhalten. Doch dazu kam es am Vorabend des Krieges nicht mehr. Der Innenausbau blieb Planung, weil nun der Westwall-Bau oberste Priorität genoss und viele andere Projekte verdrängte.

Nach 1945 besannen sich die Trierer wieder auf ihren Frankenturm. »Die Stadt kaufte die unmittelbar angrenzenden Trümmergrundstücke, stellte ihn frei und sanierte seine marode Ostseite«, erinnert sich der langjährige Denkmalpflegeamts-Chef Helmut Lutz. Nutzungskonzepte zuhauf, einige davon fix und fertig, beschäftigten den Stadtrat ab den 60er-Jahren. Lutz: »An Interessenten mangelte es nie.« Eine Weinstube, eine Galerie für Designer-Möbel, ein Handwerksmuseum sollte hinein. Kaufmann Ludwig Schellenberg liebäugelte gar mit einem Musikstudio in dem Mittelalter-Relikt. Letztlich scheiterten alle Vorhaben an der Finanzierbarkeit, Rentabilität oder der geringen Grundfläche von 90 Quadratmetern. Eine Möbelgalerie wusste die Trierer Branchen-Konkurrenz zu verhindern.

Der Öffentlichkeit nutzte das alles wenig. Für sie blieb das Baudenkmal verschlossen. Keiner bekam es von innen zu sehen, ausgenommen derjenigen, die alle Jahre wieder zentnerweise Taubendreck nach draußen karrten.

Zeitgenosse des Frankenturms: Dieser einstige Wohnturm hinter dem Dom beherbergt heute einen Teil der Bistumsverwaltung

Anno 2001 ergriff die Fachhochschule die Initiative. Der Fachbereich Architektur präsentierte eine Ausstellung von Diplomarbeiten im Frankenturm und zimmerte eigens ein neues Zwischengeschoss samt Treppenzugang. Zweieinhalb Wochen dauerten die »Tage des offenen Turms«, und die begeisterten Trierer strömten in Scharen. Als ein Jahr später auf dem Gelände der einstigen Volksfreund-Druckerei der neue Plaza-Carrée-Komplex seine Hotel- und Geschäfts-Türen öffnete, stand der Frankenturm unversehens da, wo er hingehört: im Blickpunkt. Die parallel zur Dietrichstraße geschaffene Passage brachte eine völlig neue Optik mit sich. Das einstige Mauerblümchen erstrahlte plötzlich in beeindruckender Erhabenheit. Doch erneut gingen wieder einige Jahre ins Land, bis sich endlich eine inhaltliche Perspektive abzeichnete.

Die Trier-Gesellschaft, ein 1982 gegründeter Denkmalrettungsverein, konzentrierte ab 2005 ihre Aktivitäten auf den Frankenturm, organisierte Veranstaltungen und sammelte Geld für sein lobenswertes Vorhaben: Binnen zwei Jahren war das bedeutende Baudenkmal wieder begehbar und für kleinere Veranstaltungen nutzbar gemacht. Es war das größte von bislang mehr als 100 Projekten der Trier-Gesellschaft. Unterstützt von zahlreichen Spendern, steckte sie rund 340.000 Euro in die Turm-Wiederbelebung – eine unbestreitbar gute und dankenswerte Investition.

Kein Kopfzerbrechen über Ausbau und Nutzung bereitet das Dreikönigenhaus (Simeonstraße 19), gewissermaßen ein jüngerer Bruder des Frankenturms. Dieses spätromanische/frühgotische Turmhaus in Privatbesitz weist eine lange Tradition als Gasthaus auf und beherbergt heute ein Café und Büros. Errichtet um 1220, verkörpert das 22 Meter hohe Patrizierhaus eine bemerkenswerte Weiterentwicklung des gut hundert Jahre älteren Frankenturms. Es verbindet die Bautradition der wehrhaften Wohntürme (der ursprüngliche Eingang befindet sich im ersten Obergeschoss) mit prunkvoll-palastartiger Fassadengestaltung.

Auch das Dreikönigenhaus, dessen Name auf das für 1680 urkundlich belegte Gasthaus »Zu den drei Königen« zurückgeht, verdankt sein heutiges Aussehen Friedrich Kutzbach. Der Stadtkonservator stellte 1938 den stufenförmigen Giebel und weitere Details der Fassade so wieder her, wie er den ursprünglichen Zustand im 13. Jahrhundert vermutete. Die Farbfassung von 1973 basiert auf den 1938 freigelegten Originalbefunden.

Weniger wehrhaft, mehr Sinn für Dekor: das Dreikönigenhaus in der Simeonstraße

VIEHMARKT-THERMEN

Klotzen statt kleckern

Auch das noch! Die Mauerzüge, die 1987 bei Ausschachtungsarbeiten zum Bau einer Tiefgarage unter dem Viehmarkt ans Tageslicht kamen, lösten höchst unterschiedliche Reaktionen aus. Bauleute fluchten, Archäologen frohlockten. Je tiefer drin im geschichtsträchtigen Boden, um so spannender und rätselhafter die Funde. Obendrauf Reste eines Kapuzinerklosters aus dem 17. Jahrhundert. Und darunter das, was – je nach Lager-Zugehörigkeit – Pessimisten wie Optimisten prophezeit hatten: ein römischer Monumentalbau. Irgendwie logisch. Warum sollte man ausgerechnet in unmittelbarer Nähe des Forums, dem Zentrum der antiken Stadt, völlig unbehelligt von der Vergangenheit buddeln dürfen?

Erhaltenswert oder nicht? Das war nicht lange die Frage. Zu mächtig das Mauerwerk, als dass man es auf dem Altar eines ohnehin umstrittenen Bauprojekts hätte opfern dürfen. Zudem deutete vieles auf eine handfeste Sensation hin. Einige Elemente des entdeckten Komplexes legten die Annahme nahe, es handele sich um die Überreste einer Badeanstalt. Triers dritte Thermenanlage!

Bauleute fluchten, Archäologen frohlockten.

Diese Entdeckung warf vieles von dem über den Haufen, was man über die Römerstadt zu wissen glaubte. Kleckern kam da nicht mehr in Frage, klotzen schon eher. Ausgraben, konservieren und wirkungsvoll präsentieren, lautete die Devise. Ein Fall für Oswald Mathias Ungers (1926–2007). Der Kölner Star-Architekt konzipierte den kubusförmigen Schutzbau über den antiken Trümmern und verpasste unfreiwillig der Anlage ihren Spitznamen: »Ungers-Vitrine«. Ein Reiz-Begriff, der reichlich Diskussionsstoff bescherte und den örtlichen Karneval auf Jahre hinaus mit Läster-Themen versorgte. Ein großklotziges Symbol für aufwendige Projekte in Zeiten leerer öffentlicher Kassen. Die weit und breit beispiellose Konstruktion aus Stahl und Glas strapazierte so manchen Geduldsfaden und nahm weitaus mehr Realisierungszeit in Anspruch als zunächst geplant.

Derweil nahm die Thermen-These ungeahnte Ausmaße an. Gingen Fachleute zunächst bei dem um das Jahr 100 errichteten Bau von einer ursprünglich völlig anderen Funktion aus. Vielleicht eine Bibliothek oder ein Archiv. Erst im 4. Jahrhundert, als die frisch gebackene Kaiserresidenz Trier etwa 40.000 Einwohner zählte und die Barbarathermen aus allen Nähten platzten, soll demnach der Umbau in eine Behelfs-Badeanlage erfolgt sein. Inzwischen spricht aber einiges dafür, dass Triers ältestes noch erlebbares Gemäuer von Beginn an als Wellnessanlage diente. Demnach wäre die Geschichte anders herum verlaufen. Erst wurde in Forumsnähe gebadet – und dann leistete sich Boomtown Augusta Treverorum den Thermen-Tempel nahe der Römerbrücke.

So oder so: Als Kaisers & Co. sich im späten 4. Jahrhundert für immer aus dem „Rom des Nordens" verabschiedeten, stand auch das unwiderrufliche Ende der Badesaison bevor. Die vielen Zerstörungen, die Trier gegen Ende der Römerzeit über sich ergehen lassen musste, kappten die Wasserversorgung. Der dezimierten und verängstigten Bevölkerung stand wohl auch nicht mehr der Sinn nach kommunikativ-geselliger Feucht-Fröhlichkeit. Sie durchlebte fortan Wechselbäder der emotionalen Art.

Auch im 3. Jahrtausend bleibt der Viehmarkt im Gespräch. Die Wiederbelebung der unterirdischen Ruine, die sich das Land Rheinland-Pfalz rund 10,5 Millionen Euro kosten ließ, erweist sich angesichts vielfältiger Nutzungsmöglichkeiten als gute Investition in den Veranstaltungs-Standort Trier.

Um das Geheimnis der Thermen am Viehmarkt zu lüften, wären weitere Grabungen nötig. Denn das einstige Badeparadies erstreckte sich über eine deutlich größere Fläche als heute sichtbar. An manchen Stellen ist aber nichts mehr als archäologische Wüste zu erwarten. Als in der Nachkriegszeit kräftig um den Platz herum gebaut wurde, scherte sich niemand um die zuhauf zutage tretenden antiken Gemäuerreste. Die wurden regelrecht plattgemacht. Bei einem jüngeren Bauprojekt an der Stelle einer hässlichen Lücke in der Häuserzeile zwischen Kapuzinergasse und Viehmarkstraße verzichteten die Bauherren wohlweislich auf große Ausschachtungsarbeiten und stellten das Wohn- und Geschäftshaus auf ein Stelzenfundament.

Denn Bauen in Trier birgt Risiken. Pessimisten wie Optimisten rechnen mit weiteren potenziellen Großfunden nahe dem einstigen Forum. Vielleicht käme sogar endlich das ans Tageslicht, was vom (noch nicht lokalisierten) Kapitols-Tempel übrig blieb. Den Standort des höchsten Heiligtums der römischen Stadt vermuten einige Experten unter dem Parkplatz zwischen Europahalle und Hindenburgstraße, andere wiederum sehen ihn in der Nähe der Römerbrücke. Es darf gewettet werden.

Unterirdisch: Das Veranstaltungsgeschehen in den Thermen am Viehmarkt lässt sich von außen gut beobachten

AUGUSTINERKIRCHE

Arme und Irre

Unheilige Zweifaltigkeit in ehemaligem Kloster: links das Rathaus, rechts der Tagungsort des Stadtrats

Von Freunden: Geschenke der Partnerstädte zieren den Eingangsbereich des Rathaussaals

Das historische Trier bietet Pädagogen und Stadtoberhäuptern hervorragenden Gesprächsstoff und vielfältige Möglichkeiten, Vorträge fesselnd zu gestalten. Ringt der Lehrer im Geschichtsunterricht um Aufmerksamkeit, dann hilft ihm Erzbischof Poppo. Lässt er dessen Namen fallen, dann herrscht – nach einer kurzen Phase kollektiver Erheiterung – wieder Ruhe im Karton. Tja, wenn einer schon so heißt, dann muss er ja ein spannender Typ sein.

Und Triers Stadtväter pflegen bei Empfängen für auswärtige Gäste im Rathaus in einem kleinen lokalgeschichtlichen Exkurs mit der bewegten Vergangenheit der Örtlichkeit zu kokettieren. Genau hier, am Augustinerhof, befand sich im 19. Jahrhundert das Landarmenhaus. Und eine Irrenanstalt. Arme Irre? Parallelen zur Gegenwart, zur Stadtverwaltung? Das bleibt ganz der Phantasie des amüsierten Zuhörers überlassen.

Dennoch nicht ganz von der Hand zu weisen: Triers Stadtoberhaupt ist eine Art Hohepriester der finanziellen Mangelverwaltung und eine ausgediente Kirche sein Tempel. Soviel zum verbürgten Geist des Ortes.

Armenhäuser früherer Zeiten und der Gegenwart unterscheiden sich in vielerlei Hinsicht. Am Augustinerhof jedenfalls demonstriert man heutzutage mit Stolz Geschichtsbewusstsein. Der erhalten gebliebene Teil der vor 700 Jahren erbauten Kirche des Augustinerklosters beherbergt den großen Rathaus-Saal. Noch gut anderthalb Jahrhunderte älter ist das Relief, das den zum Eingang umgebauten Chorbogen ziert. Es stammt vom Neutor, dem 1877 abgerissenen Stadttor an der Neustraße, und zeigt den segnenden Christus, flankiert von Eucharius, Triers erstem Bischof, und Stadtpatron Petrus. Ob der Geist der lateinischen Umschrift (»Der Herr segne das Trierische Volk und die Stadt«) die gewählten Volksvertreter zu stets glücklichen Beschlüssen inspiriert hat, sei dahingestellt. Unbestritten hingegen die Qualität manch darstellerischer Leistung, mit der Ratsherren und -frauen sowie Stadtväter Entscheidungen zu begründen oder ein Ansinnen der politischen Gegenseite abzulehnen pflegen. Um in den Genuss derartiger Darbietungen voller künstlicher Erregung und leidlich überzeugender Empörung zu kommen, müsste das Publikum nur einen Katzensprung entfernt Eintritt zahlen. Aber im Gegensatz zum Stadttheater ist der Besuch von Ratssitzungen immer noch kostenlos, aber mitunter mindestens ebenso unterhaltsam. Mittlerweile werden die Zusammenkünfte des Stadtrats sogar frei Haus geliefert – via Bürgerfernsehen Offener Kanal 54. Ganz Hartgesottene können sich die Spektakel dank Mediathek gar in der Endlosschleife anschauen.

KARL MARX

Das Comeback des fast vergessenen Vordenkers

Ein kollektiver Entsetzensschrei hallte durch moselländische Fernsehstuben, als Moderator Günther Jauch in einer Folge der Quiz-Sendung »Wer wird Millionär« nach dem Geburtsort von Karl Marx fragte und die Kandidatin meinte: »Ja, das muss Frankfurt an der Oder sein.«

Falsch, falsch, falsch! So wird man garantiert nicht Millionär! Karl Heinrich Marx erblickte am 5. Mai 1818 das Licht der Welt, selbstverständlich in Trier, im Haus Brückenstraße 10. Das weiß doch fast jedes Schulkind. Erst recht seit dem unverhofften Comeback des zweifellos einflussreichsten aller in Trier Geborenen.

Rechtzeitig zu seinem 200. Geburtstag hatte sich Marx längst wieder ins öffentliche Bewusstsein katapultiert. Als Weltwirtschaftskrisen-Vorhersager und Entstehungs-Analytiker. Das brachte den Kapitalismuskritiker posthum wieder dicke ins Geschäft.

Den runden Geburtstag würdigte die Bundesrepublik mit einer Sonderbriefmarke; die Volksrepublik China, die sich immer noch auf Marx als chefideologischen Godfather beruft, stiftete eine Statue aus Bronze – 2,3 Tonnen schwer und einschließlich Sockel 5,50 Meter hoch. Auch das Land Rheinland-Pfalz und die Stadt Trier ließen sich nicht lumpen und organisierten eine große Ausstellung; die Friedrich-Ebert-Stiftung peppte die Dauerausstellung im Karl-Marx-Haus gehörig auf. Und Günther Jauch machte eine erstaunliche Entdeckung. Sein Ururururgroßvater Emmerich Grach war es, der als Vizebürgermeister die Geburtsurkunde von Karl Marx unterschrieb.

2018 gab es in seiner Geburtsstadt kein Entrinnen. Marx hier, Marx dort, Marx an allen Ecken und Enden. Straßentheater, Revue, Devotionalien, neue Literatur. Und mittendrin Triers Oberbürgermeister Wolfram Leibe (mit der

Starkes Stück: 2,3 Tonnen wiegt die einschließlich Sockel 5,50 Meter hohe Marx-Bronzestatue

Vom Ende und vom Anfang: In dem Sessel links soll Karl Marx gestorben sein. Geboren wurde er im Haus Brückenstraße 10, das heute Museum ist

Chinesisch sprechenden Weinkönigin Bärbel Ellwanger im Schlepptau), der den internationalen Zuspruch, vor allem die nahezu wöchentlichen Visiten hochrangiger Delegationen aus Peking, sichtlich genoss.

Vorbei die Zeiten, als Trier mit seinem großen Sohn fremdelte, »schwarze« Stadtväter das Geburtshaus des »roten« Obergurus bei protokollarischen Anlässen eher widerwillig betraten und der Prophet in seiner Heimat nichts gelten durfte. Wo damals staatstragende Miene zum politischen Spiel gemacht wurde, wird heute gern mal herzhaft gescherzt: »Unser vorletzter Bischof hieß auch Marx.« Wenn auch Reinhard mit Vornamen und längst Kardinal.

Triers Geschäftswelt hat Marx ebenfalls ins Herz geschlossen und Initiative ergriffen, denn der lotst Chinesen in die City. Kauffreudige Kunden, die sich nicht nur für Marx-Minibüsten oder Marx-Rotwein interessieren, sondern auch in Warenhäusern und Modeläden die Kassen klingeln lassen. Wer sich dann noch eine Stadtführung gönnt, der stößt vis-à-vis der Porta Nigra auf eine zusätzliche Attraktion. Im Haus Simeonstraße 8 nämlich lebte Marx 16 seiner 17 Trierer Jahre lang, ehe er 1835 nach dem Abitur am heutigen Friedrich-Wilhelm-Gymnasium zum Studium nach Bonn zog.

Das Haus in der Brückenstraße hatte der preußische Justizrat Heinrich Marx kurz vor der Geburt seines Sohnes Karl gemietet. Bereits 1819 zogen die Marxens um in eigene vier Wände in der Simeonstraße. Doch den Ruhm der Verehrungsstätte hat das Geburtshaus (Baujahr 1727) für sich allein gepachtet, wenngleich es nach diversen Um- und Anbauten erst 1904 als solches »wiederentdeckt« wurde. 1928 kaufte die SPD das Gebäude. Erst danach schuf der Architekt Gustav Kasel das Karl-Marx-Haus in der heutigen Form mit französischem Garten. Erste Versuche, ein Museum einzurichten, verhinderte der Nationalsozialismus. Die Einweihungsstunde schlug erst 1947. Seit 1968 betreibt die SPD-nahe Friedrich-Ebert-Stiftung das Museum mit dem Ziel, die Persönlichkeit Marx und ihr Werk darzustellen. Kein Polit-Symbol und erst recht kein Marxisten-Mekka, sondern ein Ort, der auch die kritische Auseinandersetzung mit dem Weltverändernden Gedankengut des Mannes ermöglicht, der 2003 in der ZDF-Sendung »Unsere Besten« in der Rangliste der größten Deutschen hinter Konrad Adenauer und Martin Luther auf Platz drei gewählt wurde.

Nach Berliner Vorbild: Marx als Ampelmännchen

JESUITENKIRCHE

Geistliche beißen nicht

Hierher, ans untere Ende der Jesuitenstraße, verirren sich Einheimische eher selten. Ausgenommen (ehemalige) Angehörige des Friedrich-Wilhelm- und des Humboldt-Gymnasiums, die von Schulgottesdiensten wissen, dass Schwellenangst in der Jesuitenkirche völlig fehl am Platze ist. Oder Konzertbesucher, die nebenan in den Genuss der vorzüglichen Akustik der Promotionsaula kommen wollen.

Am Rande der Fußgängerzone und doch ganz weit weg. Vielleicht ist es die geballte Portion akademisches Umfeld, die mehr Ehrfurcht einflößt als Einladung signalisiert. Bischöfliches Priesterseminar klingt ja auch nicht gerade nach Besucherzentrum für jedermann. Dennoch: Abgewiesen wird an der zu den üblichen Bürozeiten geöffneten Pforte niemand. Wer sich dennoch nicht in hineintraut, verpasst ein bedeutendes Stück Stadt- und Kirchengeschichte und bringt sich um die stille Begegnung mit einem der größten Helden Triers. Jesuitenpater und Theologieprofessor Friedrich Spee von Langenfeld starb am 7. August 1635, gerade 44-jährig, mitten im Dreißigjährigen Krieg. Mit der selbstlosen Pflege pestkranker französischer Soldaten hatte er sein eigenes Todesurteil gesprochen.

Unsterblich machte ihn sein mutiger Kampf gegen die Verfolgungen und Urteile, die im Namen der Kirche über »Hexen« gesprochen wurden. Seine letzte Ruhestätte fand Spee in einer Gruft unter der Jesuitenkirche – so wie 250 seiner zwischen 1628 und 1773

Erst 1980 wiederentdeckt: Die Gebeine Friedrich von Spees ruhen seither in einem römischen Sarkophag

Der barocke Lesesaal der Bibliothek des Priesterseminars

Vertrackt: Jesuitenkirche und Bischöfliches Priesterseminar

verstorbenen Ordenskollegen. Über Jahrhunderte galt Spees Grab als verschollen, ehe es 1980 wieder entdeckt wurde. Seither ruhen die Gebeine des großen und berühmten Trierers in einem römischen Steinsarkophag vom nördlichen Gräberfeld der antiken Stadt. Daneben beherbergt die Gruft ein weiteres Grab. Hier ließ sich der 1993 verstorbene erste Vorsitzende der Trierer Friedrich-Spee-Gesellschaft und Grab-Entdecker, Domkapitular Dr. Anton Arens, beisetzen.

Das Gotteshaus über der Spee-Gruft hat eine überaus bewegte Vergangenheit hinter sich. Erbaut von den Franziskanern, die sich um 1230 in Trier niederließen, ging es samt Kloster 1570 in den Besitz der Jesuiten über, ab 1779 gehörte es zum Priesterseminar. Französische Revolutionstruppen schändeten, zweckentfremdeten und verwüsteten die Kirche. Die Preußen funktionierten sie von 1819 bis 1856 zum evangelischen Gotteshaus um; 1834 erhielt hier Karl Marx seine Konfirmation. Seit 1857 gehört die Kirche wieder zum Bischöflichen Priesterseminar und trägt den Namen, den ihr einst die Jesuiten gaben: Dreifaltigkeitskirche.

Im Priesterseminar bildet das Bistum seinen Seelsorger-Nachwuchs aus und hat die 1950 gegründete Theologische Fakultät ihren Sitz. Die Bibliothek mit ihrem sehenswert restaurierten Barock-Lesesaal zählt zu den bedeutendsten ihrer Art in ganz Europa. Die Sammlung umfasst rund 400.000 Bände, darunter mittelalterliche Handschriften, Inkunabeln (früheste Druckwerke) und Bücher der frühen Neuzeit.

Spee-Statue in der Jesuitenkirche

KONSTANTIN-BASILIKA

Billjuunen Ziegel

Für Menschen-Ansammlungen jenseits von neun Personen kennt der Trierer Volksmund einen prägnanten Begriff: Milljuunen Leit! Natürlich entbehrt dieser laxe Umgang mit großen Zahlen jedweder Präzision. Denn ganz gleich, wie schlecht oder gut die Eintracht spielt: Immer wieder pilgern Milljuunen Leit ins Moselstadion. Oder beim verkaufsoffenen Sonntag: Viel Betrieb? Ja, Milljuunen Leit.

Maßarbeit: Die meterdicken Außenmauern der Konstantin-Basilika bestehen aus Ziegelmauerwerk

Wer aber fragt, aus wie vielen Ziegeln die Konstantin-Basilika besteht, und »Milljuunen!« zur Antwort erhält, der muss ausnahmsweise nicht fürchten, wieder einmal typisch trierischem Overstatement zum Opfer zu fallen. Auch wenn nie jemand die exakte Anzahl der gebrannten Steine ermittelt hat, so dürfte sie doch im siebenstelligen Bereich liegen, so dass der Trierer – und die Relation zu wahren – eigentlich schon von »Billjuunen«, ja vielleicht sogar von »Billjaarden« sprechen müsste.

In ihrer geschickten Anordnung auf gut 70 Metern Länge, fast 33 Metern Breite und einer Höhe von 36 Metern bilden sie das größte säulenfreie Gebäude der Spätantike. Da passt die Porta Nigra, nebeneinander gestellt, glatt zweimal rein.

Die Bedeutung der Basilika resultiert auch aus einem anderen Umstand: Sie symbolisiert den Sieg des Christentums über die heidnische Welt. Als Konstantin sie um 310 als Palast-Aula errichten ließ, hatte er mit christlichen Tugenden nichts im Sinn. Mit Widersachern pflegte er kurzen Prozess zu machen, selbst wenn sie dem engsten Familienkreis angehörten. Und dass er im Amphitheater zwei Franken-Fürsten wilden Tieren zum Fraß vorwarf, zeugt ebenfalls nicht gerade von tätiger Nächstenliebe.

Auch die Christen lebten zu Beginn von Konstantins Regentschaft (306–337) in ständiger Gefahr. Sie galten als Staatsfeinde. Viele von ihnen bezahlten den Glauben mit ihrem Leben. Die Einstellung des Heiden-Herrschers zum Christentum änderte sich 312 quasi über Nacht. Den Sieg über seinen Rivalen Maxentius in der Entscheidungsschlacht um Rom errang Konstantin im Zeichen des Christogramms – so wie er es in der Nacht zuvor geträumt hatte.

Soweit die Legende. Fakt ist: Konstantins Nachfolger auf dem Thron – mit Ausnahme des abtrünnigen Julian – bekannten sich zum christlichen Glauben.

Über-Rest: Vom Palast der römischen Kaiser blieb die gigantische Audienzhalle erhalten. Die nicht zutreffende Bezeichnung „Basilika" ist erst seit dem 19. Jahrhundert gebräuchlich

Den repräsentativen Prachtbau, der erst seit dem 19. Jahrhundert und nicht ganz zutreffend »Basilika« heißt, nutzten im Mittelalter Erzbischöfe und Gaugrafen. Freilich ersparten sie sich die horrenden Nebenkosten, die im 4. Jahrhundert Usus gewesen waren. Um in der Palastaula wohlige Temperaturen zu erzeugen, mussten der Facility Manager und sein Team erst einmal 20 Kubikmeter Holz verfeuern …

Erstaunlicherweise wussten Herrscher in späteren Jahrhunderten recht wenig mit der einstigen Machtzentrale anzufangen. Lothar von Metternich (1599–1623) ließ beim Bau seines Kurfürstlichen Palais die Vorhalle sowie die Süd- und Ostwand der Konstantin-Aula weitgehend abtragen. Der abrissfreudige Napoleon wollte anno 1804 gar noch den Rest erledigen. Es bedurfte angeblich großer Überzeugungsarbeit, ihm dieses Ansinnen auszureden.

Preußenkönig Friedrich Wilhelm IV. zeigte sich geschichtssinniger und pragmatischer. Er ließ Teile des Palais-Komplexes abreißen und verloren gegangene Teile des antiken Bau rekonstruieren. 1856 erlebte er sein Comeback – als evangelische Kirche »Zum Erlöser«. Damit verfügte die seit der preußischen Machtübernahme 1815 rapide angewachsene protestantische Gemeinde endlich über ein ureigenes Domizil. Zuvor hatte sie ihre Gottesdienste in der Jesuitenkirche gefeiert.

Die seltsam anmutende Kombination aus Basilika-Südwand (hier befindet sich der Eingang) und »drangeklatscht« wirkendem und jeglicher Symmetrie spottenden Palais-Südflügel entspringt einem Kompromiss. Eine weitere Verkürzung des Barock-Traktes hätte

Antike trifft Gegenwart: Vor dem Viehmarktplatz gestaltete Oswald M. Ungers den Vorplatz der Konstantin-Basilika mit dem Arkadenbau als südlichem Abschluss

die von Johannes Seiz und Ferdinand Tietz geschaffene Innen-Treppe, ein bedeutendes Werk spätbarocker Baukunst, zerstört.

Der französische Dichter Victor Hugo, der zwischen 1862 und 1865 fünfmal in Trier weilte und mehrere Wochen in der Steipe logierte, rühmte sich in Briefen als Retter der Treppe, die er vor dem Abriss bewahrt habe. Perlen vor die Soldaten. Denn das Palais diente, wie seit 1814, noch bis 1930 als »Palast-Kaserne«. 1956 knüpfte das Bundesland Rheinland-Pfalz wieder an eine viele Jahrhunderte alte Tradition an. Mit dem Einzug der Bezirksregierung Trier erhielt das konstantinische und kurfürstliche Administrationszentrum einen Hauch von einstiger Bedeutung zurück, die mancher neuzeitliche Staatsdiener offenbar sehr verinnerlichte. So kam es noch bis in die späten 1980er-Jahre vor, dass sich die Dame in der Telefonzentrale mit einem Ehrfurcht gebietenden »Hier ist die Regierung in Trier« zu melden pflegte. Heute geht es im Kurfürstlichen Palais weniger staatstragend zu. Die Bezirksregierungs-Nachfolgebehörde ADD (Aufsichts- und Dienstleistungs-Direktion) verwaltet ohne effektheischendes Brimborium.

Abseits: Die Glocken der Konstantin-Basilika (evangelische Kirche Zum Erlöser) hängen im Roten Turm

Zum Komplex des Kurfürstlichen Palais gehört, auch wenn es auf den ersten Blick nicht so scheint, der Rote Turm. Erbaut 1647, ist er der einzig erhaltende Teil des so genannten Niederschlosses von Erzbischof Christoph von Sötern. Diesem Anbau aus der Zeit der größten Ausdehnung des Kirchenfürsten-Palastes machten Zerstörungen des Zweiten Weltkriegs den Garaus. Der erst 1968 wieder aufgebaute Rote Turm erfüllt neben seiner Aufgabe als bedeutendes Relikt der Bistumsgeschichte auch praktische Aufgaben in ökumenischem Sinne. Das ehemalige Kanzleigebäude beherbergt unter seiner barocken Dachhaube die Glocken der evangelischen Kirche »Zum Erlöser«.

Man könnte glauben, die Konstantin-Basilika sei das älteste evangelische Gotteshaus auf erzkatholischem Trierer Boden. Das jedoch stimmt nicht, wenigstens nicht bei großzügiger Auslegung der Stadtgrenzen. Bereits 1854, Jahre vor dem ersten Gottesdienst in Konstantins Ex-Thronsaal, hatte der Industrielle Adolf Krämers für seine protestantischen Arbeiter eine Kapelle auf dem Firmengelände im Vorort Quint errichtet. Zur Stadt Trier zählt Quint erst seit seiner Eingemeindung 1969.

Altar statt Thron:
die Apsis des römischen Prachtbaus

PALASTGARTEN

Weißebach der Weise

Die Gelehrten rätseln darüber, wie oft Trier in seiner über 2020-jährigen Stadtgeschichte zerstört wurde. Fünfmal, vielleicht zehnmal. Die Antwort gibt es vermutlich erst, wenn Zeitreisen in die Vergangenheit möglich sind. Zeugnisse dieser Vergangenheit sind an allen Ecken und Enden im Innenstadt-Gebiet allgegenwärtig und besonders häufig dort, wo man es kaum vermutet: auf den Wegen des Palastgartens. Nirgendwo sonst in Trier lässt sich derart geballt »auf Schritt und Tritt Geschichte erleben«. Es lohnt sich, genau hinzusehen. Wir gehen über zerbröselte Ziegel, faustgroße Reste geborstener Quader, Keramikscherben. Vor allem und immer wieder aber Ziegelsplitter. Was aussieht wie geschredderte Antike, ist tatsächlich vom Alltag vor vielen Jahrhunderten übrig blieb.

Glücklicherweise hat noch mehr überdauert. Von der hehren Bedeutung und der Würde des Ortes zeugen einzigartige Monumente. Konstantin-Basilika und Kaiserthermen stehen für imperialen Glanz, das Kurfürstliche Palais für die Macht der Kirchenfürsten. Doch die Bedeutung kommt heute erst dank eines spleenigen

Lichtblicke:
Figuren des Bildhauers
Ferdinand Tietz vor dem
Kurfürstlichen Palais

Kauzes so richtig zur Geltung. Den Palastgarten, der sich zwischen Basilika/Palais und Thermen erstreckt und damit mitten im antiken Regierungsviertel liegt, gäbe es ohne Franz Weißebach (1860–1925) nicht. Der eingefleischte Junggeselle vermachte sein beträchtliches Vermögen der Stadt Trier. Allerdings zweckgebunden. Das Geld sollte für – oh Schreck! – den Bau eines Krematoriums auf dem Hauptfriedhof verwendet werden. Ein Unding! Oder, falls der Stadtrat dies in fünf jährlich aufeinander folgenden Sitzungen ablehnte, für die Anlage eines Volksparks. Ein Geniestreich mit Langzeitwirkung! Von 1926 bis 1930 führte der Stadtrat brav alle Jahre wieder die so genannte Krematoriums-Debatte mit dem für das erzkatholische Trier

Über-Blick: Dom/Liebfrauen,
Konstantin-Basilika,
Kurfürstliches Palais und
Kaiserthermen-Entree-Bau

erwartungsgemäßen Resultat: Daumen runter für die Einäscherungsanlage! Zwischen 1936 und 1940 entstand also endlich der ersehnte Volksgarten auf dem Gelände, das seit Napoleonischer Zeit als Exerzier- und später auch als Sportplatz gedient hatte. Eine Oase der Ruhe, durch die teilweise wiederhergestellte mittelalterliche Stadtmauer geschützt vor dem Verkehrsgetümmel des Alleenrings.

Weißebach grinst noch heute – auf einer Gedenktafel mit dem Antlitz des Wohltäters, als Zeichen des Dankes nahe der Kastilport an der Stadtmauer angebracht. Dort ist noch reichlich Platz für weitere Gedenktafeln. Doch bedauerlicherweise mangelt es an Wohltätern und Stiftern mit Gemeinsinn und Visionen.

Dank Weißebach wieder da: der Park vor dem Kurfürstlichen Palais

KAISERTHERMEN

Wo nie ein Kaiser badete

Ein irreführender Name. Hier frönte nie ein Kaiser der Badelust. Wie denn auch? Majestät hätte sich möglicherweise mächtig erkältet, wie das bei unbeheizten Badeanlagen leicht passieren kann.

Was sich heute Kaiserthermen nennt, ist quasi das Viehmarkt-Projekt der Spätantike: Dauerbaustelle, Umplanungen, modifizierte Ausführung. Anders als bei der zur Ungers-Vitrine teilmutierten Mega-Tiefgarage in den 80er- und 90er-Jahren des vergangenen Jahrhunderts, zog sich das Drama um die Kaiserthermen wohl ein halbes Jahrhundert hin. Unter Konstantin großzügig konzipiert, mangelte es nach dem Weggang des Über-Kaisers an Mitteln und Notwendigkeit. Ebenso wenig wie Eintracht Trier ein 50.000-Besucher-Stadion braucht (bis dato wenigstens), benötigte der Teilzeit-Herrschersitz einen Sechs-Sterne-VIP-Badepalast im XXL-Format.

Der Baustopp muss wie ein Blitz aus heiterem Himmel gekommen sein. Bei Ausgrabungen im 20. Jahrhundert präsentierte sich Archäologen das Bild einer Baustelle, deren Personal jeden Moment aus der Mittagspause zurück-

West-Blick: die Kaiserthermen aus Richtung Weberbach

Durch-Blick: Kaiserthermen mit Mariensäule

kehren könnte: nebst Werkzeug stapelweise frisch gebrannte fabrikneue Ziegel sowie Haufen der Mörtel-Bestandteile Kalk, Kies und Ziegelsplitt.

Das überdimensionierte Projekt ruhte, bis Kaiser Valentinians Dynastie im späten 4. Jahrhundert noch einmal Bautrupps anrücken, aber relative Bescheidenheit walten ließ. In drastisch abgespeckter Version am südlichen Ende des Palastbezirks entstand ein nichtsdestotrotz immer noch gewaltiger Komplex, allerdings ohne leistungsfähige Beheizungsanlage. Über Zweck und Nutzen streiten sich die Gelehrten. Manches spricht für eine Kaserne der kaiserlichen Leibgarde. Aber ganz sicher nur für ein paar Jahre. Triers finale antike Glanzphase neigte sich unweigerlich ihrem Ende entgegen. Um 394/95 verließ der kaiserliche Hofstaat das zunehmend von Germanenkriegern heimgesuchte Moselland in Richtung Süden.

Ungers' letztes Werk: das 2007 fertiggestellte Entree-Gebäude der Kaiserthermen

Das mächtige Gemäuer überdauerte unruhige Jahrhunderte, diente zunächst als Sitz des königlichen Burggrafen, dann als Behausung eines illustren Stadtadel-Clans, später als Eckbastion der mittelalterlichen Stadtbefestigung. Nach einer Teilrekonstruktion der großen Ostapsis (1983/84), die ein imposanteres Erscheinungsbild und eine stabile Statik bewirkt, kommt die imposante Ruine zu neuen Ehren über das ausschließliche Sehenswürdigkeiten-Dasein hinaus – als Veranstaltungsort unter anderem für Rock- und Pop-Konzerte, Open-Air-Kino oder die alle zwei Jahre stattfindenden Römerfeste. Jüngste bauliche Zutat ist der nach Plänen von Architektur-Grandseigneur Oswald Mathias Ungers komplett neu gestaltete Eingangsbereich.

Pop und Spiele

Wenn Propheten im eigenen Land einen schweren Stand haben, so gilt das in gewisser Hinsicht auch für Bauwerke. Im Falle des Amphitheaters bedurfte es Anstößen von außerhalb, um Trierer auf den Schatz vor der eigenen Haustür zu stoßen. Es waren vor allem der Oscar-veredelte Hollywood-Streifen »Gladiator«, die von Theaterintendant Heinz Lukas-Kindermann mitbegründeten Antikenfestspiele und erste Großkonzerte wie 2000 das der US-Band Toto, die der Römer-Arena gebührende öffentliche Aufmerksamkeit bescherten.

Zeitgleich erbaut wie die Stadtbefestigung ab dem Jahr 175 n. Chr., gilt das Amphitheater ebenfalls als Prestigeobjekt. Heute würde man von Standortfaktor sprechen. Eine aufstrebende Metropole verlangt neben Forum, Tempeln und Triumphbögen selbstverständlich auch nach einer Unterhaltungs-Infrastruktur. Ganz oben auf der Hitliste der vergnügungssüchtigen Bevölkerung: Kämpfe! Tier gegen Tier, Tier gegen Mensch, Mensch gegen Mensch. Je blutiger, desto beliebter.

Schon früh nach ihrer Gründung 17 v. Chr. erhielt die Augusta Treverorum, die Stadt des Kaisers Augustus im Treverer-Land, ihre Arena für blutige Spektakel. Amphitheater Nummer eins war wohl noch eine Holzkonstruktion mit bislang unbekanntem Standort. Die wirtschaftliche Blüte ab Ende des ersten Jahrhunderts bescherte der Provinzstadt einen gewaltigen Bauboom. Eines der Resultate: ein neues Amphitheater. Ein monumentaler Komplex löste die Bretterbude ab und trug dem Bevölkerungszuwachs Rechnung. Auf den Rängen fanden bis zu 20.000 Besucher Platz. Bei

Gar nicht mal verdammt lang her: Wolfgang Niedecken und seine Band BAP sind schon mehrfach im Amphitheater aufgetreten

Aus-Blick:
Auch wenn von der Original-Bausubstanz relativ wenig erhalten ist, gibt es im Amphitheater viel zu entdecken

aller Großklotzerei gingen die Erbauer ökonomisch zu Werke. Um sich einen weitaus kostspieligeren Komplett-Steinbau in Tallage à la Colosseum in Rom zu ersparen, errichteten sie die Vergnügungsstätte gut einen Kilometer vom Zentrum entfernt, draußen auf der grünen Wiese und hinein in den Hügel am Fuße des Petrisbergs. Den an der Bergseite anfallenden Aushub und das Felsabbruch-Material schütteten sie zur Stadt hin wieder auf.

Sinnigerweise wurde die Arena als östliche Bastion in die just entstehende Stadtbefestigung mit einbezogen und der Amphitheater-Westteil von der mächtigen Stadtmauer überbaut. Erneut bewiesen die trierischen Römer organisatorisches und logistisches Geschick: Um dem Spielbetrieb nicht in die Quere zu kommen, liefen die Bauarbeiten nach einem clever ausgetüftelten Prinzip in Etappen ab. Lange Pausen hätte die Bevölkerung wohl auch nicht hingenommen, denn weit und breit gab es nichts Vergleichbares. Die nächsten Amphitheater standen in Mainz, in Köln und in Metz. Aber Triers Arena stellte etwas ganz Besonderes dar: Das zehntgrößte von insgesamt 70 Amphitheatern zwischen Schottland und Kleinasien und damit in der Rangliste noch vor Paris, Nimes und Autun mit ihren frei stehenden aufwändigen Steinbauten.

Geheimnisvoll:
Die „Unterwelt" der Arena und (rechte Seite) die tunnelartig angelegten Vomitorien (Zugänge) zu den Zuschauerplätzen

Die Ausstattung am Petrisberg: vom Feinsten und mit allen Schikanen. Die Kampffläche maß 70 x 50 Meter, darunter Keller mit Hebebühne und Pumpanlage. Selbst eine Wasserorgel und mächtige Mastbäume – möglicherweise für Sonnenschutz – gehörten zum Equipment. Eine Umfassungsmauer schützte das Publikum in den unteren Sitzreihen, derweil es auf dem drei Meter tiefer gelegenen Arena-Boden bisweilen barbarisch zuging.

Heute streiten sich Experten über das wahre Ausmaß der Blutigkeit von Arena-Spielen. Das ausgeklügelte Regelwerk für Gladiatorenkämpfe widerspricht dem Daumen-runter-Klischee von der wüsten Klopperei bis zum finalen Atemzug. Außerdem belegt ein bei Ausgrabungen im Amphitheater gefundener Weihestein für den Schutzgott der Arena-Kämpfer, dass hier ein Berufsstand arbeitete, der – vergleichbar etwa mit US-amerikanischen Wrestling-Akteuren – kein Interesse an Selbstdezimierung haben konnte.

Allerdings diente das Amphitheater auch als Hinrichtungsstätte. So ließ dort Kaiser Konstantin öffentlich zwei Franken-Führer und weitere Kriegsgefangene wilden Tieren zum Fraß vorwerfen.

Zu Beginn des 5. Jahrhunderts, als Kaiser Honorius die unchristlichen Kampfspiele verboten hatte, machte Triers Amphitheater Karriere als Konversionsprojekt. Umfunktioniert zur Schutzburg, diente es in stürmischen Zeiten den noch nicht nach Süden ausgewanderten Trierern als Zufluchtsstätte bei den sich häufenden Germanen-Angriffen.

Im Mittelalter verwandelte das Petrisberg-Grundwasser den einstigen Prachtbau unterirdisch in ein Sumpfloch. Und oben fanden Baumaterial-Sucher reiche Beute. Anno 1211 demontierten Himmeroder Zisterzienser-Mönche mit erzbischöflicher Abbruch-Erlaubnis die Ränge, um in der Nähe einen Wirtschaftshof zu bauen. Im 17. Jahrhundert diente das untergegangene Arena-Areal als Weinberg.

Der 1801 gegründeten Gesellschaft für nützliche Forschungen verdankt die Nachwelt, dass das Amphitheater nicht noch weiter aus den Augen und dem Sinn entschwand. Sie startete 1816 Grabungen, die ab 1877 das Provinzialmuseum (Vorläufer des Rheinischen Landesmuseums) weiterführte. Erst seit wenigen Jahrzehnten präsentiert sich das Gemäuer im heutigen Aussehen. 1954 ließ das Land Rheinland-Pfalz als Hausherr den Arena-Boden mit einer Holzbohlen-Decke überbauen; die Eingangsanlage entstand Mitte der 70er-Jahre.

Kämpfe! Tier gegen Tier, Tier gegen Mensch, Mensch gegen Mensch. Je blutiger, desto beliebter.

Im dritten Jahrtausend kommt Triers älteste Spielstätte endlich zu neuen Ehren. Als Aufführungsort der (aus finanziellen Gründen leider wieder eingestellten Antikenfestspiele) erprobt und bewährt, veredelt das Amphitheater dank seiner einzigartigen Kulisse auch Open-Air-Konzertreihen mit dem »Diese Location gibt es nur in Trier«-Prädikat.

Auch eine Geschichtsstunde der besonderen Art gibt es an authentischem Ort: Im Sommer-Halbjahr berichtet der »Gladiator Valerius« aus seinem bewegten Leben. Dieses feine Angebot mit Profi-Schauspielern in der Titelrolle diente als Vorbild für die weitere Historien-Erlebnis-Führungen wie etwa »Das Geheimnis der Porta Nigra«.

Unverwüstlich.
Seit fast 19 Jahrhunderten tragen die römischen Pfeiler den Verkehr auf Deutschlands dienstältestem Flussübergang

Über sieben Pfeiler musst du gehn ...

Für die Ewigkeit bauen – dieser Planer-Traum geht (nach bisherigem Erkenntnisstand) nur in den allerseltensten Fällen in Erfüllung. Doch die Verantwortlichen für den Bau der Römerbrücke dürften sich stolz auf die Schulter klopfen. Ihr Werk in Gestalt von mächtigen Basaltpfeilern erfüllt seine Bestimmung seit der Mitte des zweiten nachchristlichen Jahrhunderts. Und zwar an einer Stelle, an der Flussübergänge eine noch weitaus ältere Tradition haben. Nahe einer bereits in vorgeschichtlicher Zeit genutzten Furt legten die Römer zur Zeit der Stadtgründung eine Brücke an, bestehend aus um 18/17 v. Chr. gefällten Eichenpfählen.

Rund 90 Jahre später entstand eine tragfähigere und robustere Nachfolgerin, eine Pfahlrostbrücke (in den Flussgrund gerammte Eichenstämme, darüber Rotsandstein-Quader als Pfeiler), die aber bereits nach sieben weiteren Jahrzehnten ausgedient hatte. Die Pfeiler von Brücke Nummer 3, errichtet zwischen 144 und 157 nur wenige Meter flussaufwärts, bestanden komplett aus Stein und trugen eine hölzerne Fahrbahn. Ursprünglich waren es neun Pfeiler, doch nur sieben davon sind noch zu sehen. Die beiden östlichen verschwanden schon nach wenigen Jahren bei der groß angelegten Aufschüttung des Moselufer-Vorgeländes unter der Erdoberfläche.

Dieses Stützen-Septett – ein nördlich der Alpen einzigartiges Beispiel für Beständigkeit – musste schon in jungen Jahren vieles über sich ergehen lassen: Abertausende Quader aus den Steinbrüchen bei Kordel zum Bau der Stadtbefestigung, halbe Wälder, deren Baumstämme zum Beheizen der Paläste und Thermen verfeuert wurden, Getreide und Früchte aus der Eifel und allerlei Luxuswaren aus den entlegensten Winkeln des Imperiums.

Unikum: Die Römerbrücke ist Triers einziger Unesco-Welterbe-Bau im Besitz der Stadt Trier. Die anderen sind staatlich oder gehören der Kirche (Dom/Liebfrauen)

Erst Kurfürst Balduin machte Kleinholz aus der reparaturanfälligen Fahrbahn und baute 1343 gemauerte Brückenbögen. Die sprengten 1687 französische Regierungstruppen; die heutigen Steinwölbungen stammen aus den Jahren 1717/19. Als einziger größerer Flussübergang im Rheinland blieb die Römerbrücke gegen Ende des Zweiten Weltkriegs von Zerstörungen verschont. Um ihre unverhoffte Rettung ranken sich Legenden. Des Rätsels Lösung aber bleibt im Dunkeln. Möglicherweise sabotierten deutsche Soldaten am 1./2. März 1945 den Befehl, die strategisch wichtige Brücke zu sprengen und nicht in die Hand der heranrückenden US-Truppen fallen zu lassen.

Vom alten Glanz zehren heute neben Forschern neuzeitliche Schatzsucher. Wenn wieder einmal Schleusen-Reparaturen das Absenken des Wasserspiegels notwendig machen, rücken die Münzenjäger in Scharen an. Mit professioneller Ausrüstung und Glück entreißen sie dem Flussgrund so manches in der Antike geopferte Geldstück oder Zollplomben.

Die sieben Pfeiler tragen auch im 19. Jahrhundert ihres Bestehens einen Großteil des Trierer Verkehrsaufkommens. Da muss noch viel Wasser die Mosel hinunterfließen, um die Brücke zu gefährden.

Der Erlöser und der Schifferpatron: Kruzifix und Nikolausstatue wurden bei der Erneuerung der Einwölbungen 1717/19 errichtet

ZURLAUBENER UFER

Oh! Mosella!!

Trier zeigt der Mosel die kalte Schulter, heißt es. Die Stadt verleugne ihre Lage am Fluss. Stimmt leider. Ausonius, der Dichter der »Mosella«, würde sich im Sarkophag umdrehen.

Aber auch hier keine Regel ohne Ausnahme. Und die heißt Zurlauben. Um das historische Fischerdörfchen macht die Moseluferstraße, die wie eine Demarkationslinie das Moselufer von der City trennt, einen Bogen. Die Lage direkt am frisch runderneuerten Damm macht Zurlauben zu einer Besonderheit: Hier liegt Trier an der Mosel.

Wer dieses rare Glücksgefühl genießen und begießen will, findet hier reichlich Gelegenheit. Auf einer Strecke von gerade einmal hundert Metern reihen sich sieben Gaststätten aneinander – die meisten davon mit urgemütlichen Freiterrassen, einige mit Lauben – was Zurlauben zu einer weiteren Besonderheit macht: Hier herrscht die höchste Kneipendichte weit und breit.

Zurlauben: Hier liegt die Stadt tatsächlich am Fluss

Oh!
Mosella!!

Mit echtem Sand: der sommerliche Moselstrand beim Freibad Nord

Und hier, angesichts der Palliener Felsen gegenüber, macht es besonders große Freude, dem »Trierthlon« (Viez, Hausmacher Wurst, Trester) zu frönen, die Fracht- und Touristenschiffe und die Verkehrshektik auf der Kaiser-Wilhelm-Brücke aus einer beruhigenden räumlichen und mentalen Distanz zu beobachten. Zurlauben ist nicht nur zum Moselfest alle Jahre wieder im Juli einen Ausflug wert.

DIE PALLIENER FELSEN

Starkes Stück Kunstlandschaft

Eine wahrhaft imposante Erscheinung: Die mächtige Palliener Felsenwand beflügelt die Phantasie des Betrachters auf der gegenüberliegenden Seite. Das, was ihm nach übermäßigem Viez-Genuss in den Sinn kommen mag, ist ganz und gar nicht abwegig: Ein einseitiger, ein halber Grand Canyon – das geht doch nicht mit rechten Dingen zu. Stimmt! Bei Betrachtung aus nächster Nähe gibt das starke Stück Landschaft sein Geheimnis preis. Nicht Naturgewalten haben es geschaffen, sondern Menschenhände. Das Fels-Getüm ist nichts anderes als ein ausgedienter Steinbruch – und zwar Triers ältester.

Untersuchungen des Landesmuseums brachten den Beweis. 1996, beim Bau eines Regenrückhaltebeckens, buddelten die Archäologen mit und förderten aufschlussreiche Funde zu Tage, darunter Keramikscherben aus dem 1. Jahr-

Cleveres Materialmanagement: Der Sandstein, der in Pallien dem Fernstraßen-Bau weichen musste, wurde auf der anderen Moselseite für den Unterbau des Stadtstraßennetzes der Augusta Treverorum genutzt

hundert und die ursprüngliche Felskante. Als Julius Caesar und seine Legionen ins Moseltal kamen, reichte der Fels noch bis an die heutige Bonner Straße, also fast bis an den Fluss, heran. Vor 2.000 Jahren begannen die Römer, einen ebenso einfachen wie genialen Plan umzusetzen. Sie schufen die strategisch wichtige durchgehende Verbindungsachse auf der linken Moselseite und verschafften sich mit dem Abraum wertvolles Material, das beim Bau der just gegründeten Augusta Treverorum auf der anderen Fluss-Seite eine tragende Rolle spielte. Eine wahrhaft naheliegende Lösung. Der Unterbau des Straßennetzes bestand überwiegend aus Palliener Buntsandstein. Neben dem feinkörnigen Muschelsandstein aus Udelfangen lieferte der Steinbruch links der Mosel den einzigen skulpierbaren Werkstein der näheren Umgebung. Säulen, Sarkophage, Straßenschotter – der rote Sandstein bot vielfältige Verwendungsmöglichkeiten.

Mit dem Ende der Römerherrschaft im Trierer Land im 5. Jahrhundert war erst einmal Feierabend im Steinbruch. Im finsteren Mittelalter lebte die stark dezimierte Moseltal-Bevölkerung in Holzbehausungen. Brauchten sie Steine, bedienten sich die Bauherren, weil es ebenfalls so schön naheliegend war, einfach in den antiken Ruinen.

Spätestens im 14. Jahrhundert erlebte der Palliener Steinbruch eine Renaissance. Im Stadtarchiv aufbewahrte Rechnungen bezeugen für anno 1370 den Abbau zwecks Ausbesserungsarbeiten an der Stadtmauer. Eine weitere Phase der Hochkonjunktur bewirkte der französische Sonnenkönig Ludwig XIV. Dessen Eroberungskriege im späten 17. Jahrhundert hatten weite Teile der Stadt und zahlreiche Vororte in Trümmer sinken lassen. Also machten sich wieder die Steinmetze an die Arbeit. Einer von ihnen, mit Nachnamen Baltz, verewigte sich mit einer Inschrift in der Felsenwand.

Gingen die antiken Steinmetz-Pioniere generalstabsmäßig zu Werke, dienten die letzten Steingewinnungs-Arbeiten eher dem Hausgebrauch. Kurz vor dem Ersten Weltkrieg stellte ein kleinerer Steinbruch bei St. Jost den Betrieb ein und beendete die Abbau-Ära.

Modelliert von Menschenhand: die rote Palliener Felsenwand

Ein einseitiger, ein halber Grand Canyon

So eindrucksvoll die Felsenwand im Licht der Morgensonne strahlt, so sehr liegen weite Teile ihrer Entstehungsgeschichte im Dunkeln. Sie böte ein lohnendes Forschungsfeld. Dutzende uralter Steinbrüche gibt es allein zwischen Wasserbilligerbrück und Biewer. Doch nirgends prägten die Steinabbauer das Landschaftsbild so sehr wie in Pallien. Sie schufen mit Hammer und Keil den Raum, auf dem der Stadtteil und der Augenscheiner-Weinberg entstehen konnten – und mit der Felswand ein Industriedenkmal, das als Stadt-Kulturerbe (mindestens!) unter Schutz gestellt gehört.

Pallien, 1098 erstmals urkundlich in Erscheinung getreten, befindet sich mit seinem historischen Kern komplett auf der Steinbruch-Sohle. In manchen Winkeln beim Stadtteil-Wahrzeichen Martinerhof lugt heute noch der rote Felsen aus dem Boden.

Weil's so schön ist:
Hier eine Ansicht aus Richtung Süden

Prachtstück

Dat gittet doch nit? Von wegen! Das gibt es zum Erstaunen vieler Einheimischer doch: Touristen, die hilflos rätselnd vor der Pauluskirche stehen. Die sieht irgendwie völlig anders aus als auf dem Foto im Stadtführer. Von Barock keine Spur. Und Kirche ist sie auch nicht mehr seit der Entweihung 2017.

Der hilfsbereite Trierer klärt das Missverständnis selbstverständlich auf. Der Teufel liegt im Detail – oder in diesem Fall in der zweiten Silbe. Die Paulinkirche, vor der sich der Suchende wähnt, befindet sich rund zwei Kilometer vom Paulusplatz entfernt. Per pedes kein Pappenstiel, aber ein überaus lohnender Weg. Das Ziel räumt mit dem verbreiteten Vorurteil auf, Trier habe »nur Römer« zu bieten.

Doch wie so oft: Die Wurzeln auch dieses Gotteshauses liegen in der Antike. Wie St. Maximin ganz in der Nähe, zu dem sie mannigfaltige Parallelen aufweist, steht die Paulinkirche auf dem nördlichen Gräberfeld. Bereits um das Jahr 400 entstand eine 120 Meter lange Basilika, geweiht dem 358 in der Verbannung gestorbenen Bischof Paulinus, dessen Gebeine Nachfolger Felix nach Trier hatte überführen lassen. Eine Nachbildung des Zedernholz-Sarges steht im Rheinischen Landesmuseum.

Die erste Kirche überdauerte trotz mehrfacher Beschädigungen fast 700 Jahre, ehe sie 1093 einem Brand zum Opfer fiel. Den Neubau weihte Papst Eugen III., der 1147/48 mehrere Monate in Trier weilte und bei dieser Gelegenheit auch der neuen Matthias-Kirche seinen Segen erteilte.

1674 sprengten französische Truppen St. Paulin. Die Pläne für einen Neubau lagen mehr als ein halbes Jahrhundert auf Eis – den Stiftsherren fehlte das Geld. Wer das 1734 begonnene Projekt realisierte, verraten heute Straßennamen in der unmittelbaren Umgebung. Als Bauherr und Haupt-Finanzier zeichnete Erzbischof und Kurfürst Franz Georg von Schönborn verantwortlich, zugleich Vorsteher des Stiftes St. Paulin. Die Balthasar-Neumann-Straße

Leuchtturm der Nordstadt: die Basilika St. Paulin

Helle Seite der Pracht:
das Innere von St. Paulin

weist auf den mutmaßlichen Planer hin. Ob der Würzburger Hof- und Stararchitekt tatsächlich am gesamten Bau mitwirkte oder sich auf den Turm und die Konzeption der höchst filigranen Innenausstattung beschränkte, ließ sich bislang nicht klären. Die Deckenfresken stammen vom Augsburger Maler Christoph Thomas Scheffler, die Bildhauerarbeiten von Ferdinand Tietz, die Stuckarbeiten von Joseph Arnold.

Diese großen Meister schufen ein Gesamtkunstwerk, das es mit den berühmten Barockkirchen Süddeutschlands aufnehmen kann und an seinem Standort als »exotisch« anmutender Prachtbau die Palette der vorhandenen architektonischen Stilrichtungen ungemein bereichert.

Franz Georg von Schönborn erlebte die Fertigstellung nicht mehr. Er starb 1756. Im folgenden Jahr weihte Kurfürst und Erzbischof Johann Philip von Walderdorff die Basilika.

Im Zuge der napoleonischen Säkularisation schlug auch für das Stift St. Paulin die letzte Stunde. Sein Gotteshaus dient seither als Pfarrkirche – und änderte mehrfach sein Aussehen. Ab 1982 erstrahlte das zuvor in Ehren ergraute Gemäuer in Gelb, im Zuge der letzten Außensanierung (2014 bis 2016) erhielt es seine ursprüngliche Farbfassung wieder: weiß, gelb, rotbraun.

Triers Stadtväter und -ratsmitglieder pflegen in St. Paulin einen traditionellen Brauch. Alljährlich Anfang Oktober feiern sie in der Barockkirche die Ratsherrenmesse und gedenken der im Jahr 286 hingerichteten Trierer Christen und der Soldaten der Thebäischen Legion, die ebenfalls für ihren Glauben starben. Das Gemetzel, das der Legende nach Statthalter Rictius Varus unter den Christen anrichten ließ, ist ein Thema der eindrucksvollen Decken- und Wandmalereien in St. Paulin.

Ebenfalls an die Märtyrer erinnern Namen benachbarter Straßen: an Palmatius, der Überlieferung nach Konsul, an die Thebäer und an ihren Anführer Thyrsus. Apropos Palmatius und Thyrsus: Die Märtyrer-Chefs gibt es nun auch »zum Anfassen«. Vis-a-vis vom Pauliner Portal liegen seit Frühjahr 2020 zwei monumentale, jeweils sechs Tonnen schwere Köpfe aus Granit – ein von anonymen Stiftern finanziertes Kunstwerk des Berliner Bildhauers Iskender Yediler. Als Vorlage für die neuen Häupter der Enthaupteten dienten Barockfiguren auf der Orgelempore von St. Paulin.

Lichtblick:
Im Advent leuchtet der (künstliche) Weihnachtsbaum im Turmhelm

Seit 2020 auf der Wiese gegenüber dem Portal: Die von Iskender Yediler (Berlin) geschaffenen Gigantenköpfe der Märtyrer Thyrsus (links) und Palmatius

ST. MAXIMIN

Die Kathedrale der Toten

Was von der einst mächtigen Abtei St. Maximin übrig blieb: Abteikirche und Torbogen

Eine ehemalige Kirche – sicher. Aber eine ganz besondere. Der gewaltige Bau mit der kasernenhaft strengen Architektur, der sich in der Nähe des Hauptbahnhofs erhebt, ist bereits Gotteshaus Nummer 4 an dieser Stelle. Eine faszinierende Unterwelt aus Steinsärgen bildet sein Fundament.

Die Anfänge liegen in der Mitte des 4. Jahrhunderts, in einer Zeit, als die betuchten Christen in der Kaiserstadt einen exklusiven Begräbniskult pflegten. Sie ließen sich in Sarkophagen möglichst nahe am Grab von Bischof Maximin (Amtszeit etwa 329–346) beisetzen, der am Rand des nördlichen Gräberfeldes seine letzte Ruhestätte gefunden hatte. Der Andrang war groß. Bereits kurz nach Maximins Tod entstand über seiner Gruft der erste steinerne Großbau. Eine Kathedrale der Toten. Nach Umbauten und Erweiterungen wies sie um das Jahr 400 die stattliche Länge von 100 Metern auf – beispiellos nördlich der Alpen. Gewaltiger war nur Triers reguläre Kathedrale: die gigantische Gotteshaus-Anlage in der Stadt, mehr als doppelt so groß wie ihre Nachfolge-Kirchen Dom und Liebfrauen.

Wer die Toten-Kathedrale als Begräbnis-Platz wählte, wollte sich eine Pole Position für die Reise in die Ewigkeit verschaffen: Gemeinsam mit dem beliebten und populären Oberhirten Maximin von den Toten auferstehen – und in ihm einen heiligen Fürsprecher im Jenseits haben. Solchen postmortalen Luxus konnte sich nur die christliche Oberschicht leisten. Mit Ende der Römerzeit im 5. Jahrhundert verschwand auch diese zahlungskräftige Bevölkerungsgruppe. Die Maximin-Verehrung lebte fort. Spätestens im 6. Jahrhundert wurde der antike Bestattungs-Bau in eine Kirche umgewandelt. Im 7. Jahrhundert gründeten Benediktinermönche das Kloster St. Maximin. Kaiser Otto erhob es im 10. Jahrhundert zur Reichsabtei und legte damit den Grundstein zu einer epochalen Entwicklung. Bald zählte Maximin zu den mächtigsten Abteien Europas, verwaltete Besitztümer selbst in Weißrussland und verfügte über Kelterrechte am Schwarzen Meer.

Von Trier breitete sich eine umfassende Kloster-Reform aus, die im 12. Jahrhundert insgesamt 150 Benediktiner-Abteien erreichte.

Preis der Macht: Klosterkirche Nummer 1 zerstörten die Normannen, als sie 882 Trier heimsuchten. Der Neubau aus ottonischer Zeit musste mit dem gesamten Klosterbering mehrere Zerstörungen über sich ergehen lassen. Erst im 13. Jahrhundert bei einem Brand, dann 1522 bei der Belagerung und Beschießung Triers durch Franz von Sickingen und schließlich 1552, als Truppen des Mark-

Friedhof für reiche Frühchristen: das unterirdische Gräberfeld von St. Maximin

grafen Albrecht Alcibiades von Brandenburg-Kulmbach die Abtei niederbrannten. Den nächsten Neubau machten 1674 Truppen des französischen Königs Ludwig XIV. dem Erdboden gleich. Die Trierer Bevölkerung zollte den Klosterbrüdern selten Mitleid. Ihnen war die weitgehend unabhängige, direkt dem Kaiser unterstellte Mini-Stadt vor den Stadtmauern ein Dorn im Auge. Der Komplex, den wir heute als (ehemalige) Abteikirche St. Maximin kennen, zeugt ebenfalls von einer unruhigen Vergangenheit: Unter Abt Alexander Henn (Amtszeit 1680–1698) binnen nur vier Jahren errichtet, 1794 von französischen Revolutionstruppen geplündert und auf Geheiß Napoleons 1802 enteignet und endgültig aufgelöst.

Konversion, ein Schlagwort des ausgehenden 20. Jahrhunderts, war da für St. Maximin längst ein alter Hut. Die Preußen hatten ab 1815 demonstriert, wie sich einstige Klostermauern »umnutzen« lassen. Aus St. Maximin wurde erst eine Kaserne, später eine Garnisonskirche, dann eine Schule. 1932 erwarb das Bistum den Komplex aus Staatsbesitz.

Der erste, der sich gezielt an die Erforschung der Vergangenheit der alten Reichsabtei machte, war Friedrich Kutzbach (1873–1942). Der Forscher und Konservator erntete 1936 die Früchte seiner Geduld und Weitsicht. 19 Jahre zuvor, mitten im Ersten Weltkrieg, hatte er bei Grabungen an der Außenkrypta der einstigen Abteikirche einen Freskenzyklus aus karolingischer Zeit entdeckt. Aus Furcht, sie könnten Kriegsbeute werden, hatte Kutzbach die um das Jahr 900 entstandenen wertvollen Wandmalereien vorsichtig vermauert und die Gruft wieder zugeschüttet. Als Kutzbach den Schatz schließlich barg, konnte er von dem nur wenige Meter entfernten unterirdischen Toten-Reich nichts ahnen. Gleichwohl hinterließ der unermüdliche Akribiker zehn randvoll geschriebene Skizzenbücher zu seinen Maximin-Forschungen. Erst die umfangreichen archäologischen Untersuchungen, die das Rheinische Landesmuseum von 1978 bis 1990 im Zuge der Sanierung und Restaurierung von St. Maximin unternahm, brachten Licht in die äußerst spannende Frühgeschichte. Einen Großteil der Informationen verdanken wir Adolf Neyses (Jahrgang 1928), der die Erforschung des geschichtsträchtigen Ortes zu seinem Lebenswerk gemacht hat. Neyses, technischer Leiter der archäologischen Grabungen, befreite die Maximiner Unterwelt vom Schutt zweier Jahrtausende und vieler Zerstörungen, untersuchte das Mauer- und Steinsärge-Gewirr und fügte die zahllosen Puzzle-Teile zu einer stimmigen Erklärung zusammen. Er erbrachte den Nachweis des riesigen Bestattungshauses, das etwa 1000 dicht aneinander gefügte Sarkophage in mehreren Lagen beherbergt hatte.

Noch mehr Konversion: Seit 1995 dient der Ex-Kirchenbau als Aula und Sporthalle für benachbarte Bistumsschulen sowie als Konzertraum mit vorzüglicher Akustik. Und einige Meter unter den Füßen der Konzertbesucher und jungen Sportler warten in ungeöffneten Sarkophagen die sterblichen Überreste von Maximin-Anhängern auf den jüngsten Tag.

ST. MATTHIAS

Der Wander-Apostel ist am Ziel

Ganz schön findig, die geistlichen Strategen des Mittelalters. Um sich und ihre Sache überregional ins Gespräch zu bringen, trugen sie auch schon mal ziemlich dick auf. Die Abtei St. Matthias steht für eine besondere Form von Einfallsreichtum. Als allerorten die tätige Heiligenverehrung boomte, mochten auch die Trier-Süder Vorstädter nicht hinten anstehen. In einer clever inszenierten Suche wiederentdeckten die Benediktinermönche beim Neubau ihrer Kirche einen

Anziehungspunkt für viele Pilger: Die Krypta mit den Sarkophagen der Bischöfe Eucharius (links) und Valerius sowie des Apostels Matthias (hinten)

Heiliges Triumvirat: die Bischöfe Eucharius, Valerius und Maternus

Reliquienschrein mit den angeblichen Gebeinen des Apostels Matthias. Was Konstantins Mutter Helena einst aus dem Heiligen Land nach Trier hatte bringen lassen und bei der Zerstörungsorgie der Normannen 882 'verschütt' gegangen war, plötzlich wieder da! Regelrecht wunderbar! Die Kunde vom spektakulären Fund an jenem 1. September 1127 verbreitete sich wie ein Lauffeuer und entfaltete die gewünschte Wirkung. Alsbald zogen Scharen von Pilgern zum einzigen Apostelgrab nördlich der Alpen.

Damit nicht genug des sakralen Glanzes. Das neue und im Wesentlichen bis heute erhaltene Gotteshaus weihte anno 1148 kein Geringerer als Papst Eugen III. Und zwar auf zwei Heilige: auf Eucharius, Triers ersten Bischof und Namensgeber der alten Kirche, und eben auf Matthias. Gegen des Apostels übermächtige Bedeutung verblasste das Renommee der regionalen Größe Eucharius. Schon bald war nur noch von St. Matthias die Rede, oder »Matheis«, wie die Trierer sagen und damit gleich den gesamten Stadtbezirk meinen.

Mit dem Apostel als Aushängeschild und Zugnummer sorgte die Benediktinerabtei dauerhaft für Furore. Noch heute nehmen alljährlich Mitglieder von Matthias-Bruderschaften aus der Nordeifel und dem niederrheinischen Raum den traditionellen Fußweg zum Apostelgrab in Deutschlands ältester Stadt auf sich. Ihnen präsentiert sich seit der Jahrtausendwende ein nach langwierigen Außensanierungen und aufwändigen Gestaltungsarbeiten strahlender Kirchenbau mit einem würdig gestalteten Vorplatz, den ein neuer Brunnen mit dem Pacelli-Kreuz von 1957 schmückt.

Das jetzige Erscheinungsbild trägt im Wesentlichen die Handschrift des Architekten und Dombaumeisters Karl-Peter Böhr (1925 bis 2017). Es gereicht durchaus einem Apostel zur Ehre. Die Visitenkarte der Südstadt kann sich wieder sehen lassen.

1287 geweiht: die Quirinuskapelle auf dem Friedhof von St. Matthias

Doch es lohnt auch, einen Blick in die Mattheiser Unterwelt zu werfen und sich auf die Spuren der Trierer Ur-Bischöfe Eucharius und Valerius zu begeben. Der Abtei-Bering steht, wie St. Maximin und St. Paulin, auf einem römischen Friedhof. Hier, auf dem Gräberfeld vor dem südlichen Stadttor Porta Media, ließen sich im späten 3. Jahrhundert Eucharius und Valerius beisetzen. Der Überlieferung nach ruhten ihre Gebeine zunächst in der Familiengruft ihrer Gönnerin, der Witwe Albana. In der gemauerten Grabgruft (unter der Quirinuskapelle auf dem Friedhof St. Matthias) steht heute nur noch der Sarkophag Albanas. Bischof Cyrillus hat um 454 die Steinsärge seiner Amtsvorgänger in die eigens für sie errichtete Grabkirche überführen lassen – die Keimzelle der Abteikirche.

Die Sarkophage stehen in der Krypta der Matthiaskirche, wo 2007 auch Matthias seinen endgültigen Platz gefunden hat. Das Ende einer kleinen Odyssee. Denn zuvor hatte der berühmte Jünger Christi seinem Spitznamen »Wanderapostel« alle Ehre gemacht. Mehrfach musste die ursprünglich vor dem Altarraum stehende gotische Matthias-Bronzefigur samt Reliquiar baustellenbedingt innerhalb der Pilgerkirche »umziehen«. Nun steht sie wieder vor dem Altar und der Schrein mit den Gebeinen genau darunter, eingebettet in dem antiken Steinsarg, in dem sie 1227 gefunden wurden.

Echt oder unecht – das spielt wie im Falle des Heiligen Rocks im Dom heute keine Rolle mehr. »Die Reliquien sind geheiligt durch die Verehrung über die Jahrhunderte hin. Dadurch sind sie ein Heiligtum, das dem Ort ein Gepräge gibt«, sagt Bruder Athanasius Polag.

Visitenkarte der Südstadt: Die imposante Basilika St. Matthias in der Vorder- und Hinteransicht

MARIENSÄULE

Triers Lady Liberty

Preisfrage: Welches Lied singt ein Saarländer, wenn er nächtens auf der Pellinger Straße (B 268) nach Trier fährt und die illuminierte Mariensäule erblickt? Antwort: »New York, New York!«.

Klar, ein blöder Witz, aber gar nicht so abwegig. Die Mariensäule darf für sich durchaus den Anspruch eines Stadt-Wahrzeichens erheben – ganz so wie die New Yorker Freiheitsstatue. Mit 41 Metern (samt Sockel) zwar nicht einmal halb so groß wie Lady Liberty (93 Meter), zieht das Denkmal auf den Trier-Wester Pulsberg dennoch die Aufmerksamkeit auf sich. Erst recht bei Dunkelheit, wenn Scheinwerfer sie in goldenes Licht hüllen. Derart strahlend, entspricht die nach sieben Jahren Bauzeit am 8. Oktober 1866 eingeweihte Mariensäule der Intention ihrer Erbauer. Fromme Bürger stifteten sie in Erinnerung an das von Papst Pius IV. verkündete Dogma der unbefleckten

Empfängnis der Gottesmutter. Und längst nicht nur Trierer Bürger. Ein beträchtlicher Teil des beim Bau verwendeten Sandsteins stammt von der Sauer – offenbar spendiert von Bollendorfern.

Die Mariensäule gilt auch als Zeichen politischer und religiöser Auseinandersetzung im Trier des 19. Jahrhunderts. Der Standort: bewusst gewählt. Genau gegenüber der Konstantin-Basilika, die 1856 zur evangelischen Kirche Zum Erlöser geweiht worden war, aber fast 150 Meter höher. Wer da an eine gezielte katholische Provokation denkt, dürfte nicht falsch liegen.

Davon ist heute keine Rede mehr. Stiftergeist hat wieder Konjunktur an der Mariensäule, wenn auch in weitaus bescheidenerem Rahmen als früher: Gönner sponsern die allnächtliche Anstrahlung des Denkmals und erhalten von der Dom-Information (Liebfrauenstraße) eine Bescheinigung für die gebuchte Beleuchtungszeit und den Bestimmungszweck, etwa Geburts- oder Gedenktage.

Preisfrage für Trierer: In welcher Hand hält Säulen-Maria das Jesuskind? Antwort: In gar keiner. Sie hält nämlich keines.

Die Moral von der Geschicht': Wer als Trierer gerne Saarländer-Witze erzählt, muss noch lange kein Trier-Kenner sein.

Aussichtsreich: Zu Füßen der Mariensäule bietet sich ein spektakulärer Blick auf die Talstadt

PETRISBERG

Erblühte Landschaft

Exil-Trierer, die nach längerer Abwesenheit ihre Heimatstadt wieder besuchen, staunen Bauklötze. Den Petrisberg erkennen sie – abgesehen vielleicht vom Fernseh- und vom Wasserturm – nicht wieder. Können sie auch nicht, denn der »Hausberg« war früher alles andere als der Berg der Trierer.

Geschenk von Freunden: Der zur Landesgartenschau 2004 errichtete Turm Luxemburg

Mehr als zwei Jahrtausende hatten Normalbürger auf dem Petrisberg wenig zu bestellen. Erst schlugen die römischen Eroberer auf seinem Plateau ein Militärlager auf, im Mittelalter nahmen ihn Erzbischof und Klöster in Beschlag, und noch in jüngerer Zeit prägten ausgedehnte Kasernen-Komplexe sein Bild. Dann läutete 1999 der Abzug der französischen Militärs die friedliche Rückeroberung des einstigen Sperrbezirks ein.

Man könnte sagen, Konstantin der Große ist schuld. Hätte der Kaiser nicht Trier den Rücken gekehrt und am entgegengesetzten Ende des Imperiums eine pompöse neue Residenz aus dem Boden gestampft, dann hätte der Petrisberg ganz sicher eine andere Entwicklung genommen. Ja, wäre Konstantin in Trier geblieben und hätte hier das gigantische Bauprogramm à la Konstantinopel realisiert, dann hätte der Mauerring weiter gezogen und der Berg ins Stadtgebiet integriert werden müssen. Eine faszinierende Vorstellung: Der Petrisberg als Höhepunkt der Weltstadt Treveris, geschmückt mit Villen, Tempeln und Palästen.

Hätte, wäre, würde. Wie kaum ein anderer Teil Triers reizt der Petrisberg, der im Mittelalter Martinsberg hieß (benannt nach dem Kloster an seinem Südhang), zum Bemühen des Konjunktivs. Die historische Realität sieht bekanntermaßen anders aus. Dafür hat die letzten beiden Jahrzehnte für verpasste Entwicklungschancen und entgangene Naherholungs-Freuden früherer Epochen entschädigt. Die Stadt hat mit millionenschwerer Unterstützung aus Mainz die einstige Kasernen-Tristesse in eine blühende Landschaft verwandelt. Die zweite Auflage der Landesgartenschau 2004 bewirkte einen gewaltigen Schub für die Bemühungen, über den Dächern des Moseltals einen neuen Stadtteil sowie einen florierenden Wissenschaftspark entstehen zu lassen. Großzügige Sport- und Spielplatzanlagen, der begehbare Turm Luxemburg und ein »brummender« und attrak-

Für die Trierer „der Fernsehturm“: der 132 Meter hohe Fernmeldeturm auf dem Petrisberg

tiver Gaststätten-Betrieb machen in Kombination mit einem exklusiven Landschaftserlebnis den Petrisberg zu einem beliebten Anziehungspunkt für alle Generationen.

Angesichts dessen lässt sich leicht verschmerzen, dass »Die Kulturgartenschau« auf dem 44 Hektar großen Konversions-Areal damals statt der erhofften Million »nur« 723.000 zahlende Besucher mobilisierte. Die von ihr ausgegangenen Entwicklungsimpulse sind unbezahlbar.

Auf dem Petrisberg ist Triers wirtschaftliche Zukunft auf der Höhe.

Die Vorgeschichte ebenfalls. Nach neuen archäologischen Erkenntnissen errichteten die Römer im Frühjahr 30 vor Christus ihr für die damalige Zeit zweitgrößtes Militärlager in Nordwesteuropa auf dem Petrisberg und stationierten dort auf einer Fläche von mindestens 15 Hektar etwa 10.000 Soldaten plus dazugehörige Riet- und Zugtiere. Ganz schön viel für die wenigen Treverer, die sich fast anderthalb Jahrzehnte vor der Stadtgründung im Moseltal tummelten.

Doch die einschüchternde Machtdemonstration und Verfügbarkeit einer schnellen Eingreiftruppe schien den Besatzern dringend geboten. Es herrschte Bürgerkrieg. Auf der einen Seite eine gewisser Octavian, auf der anderen – in Ägypten – Marcus Antonius und seine Geliebte, die Pharaonin Kleopatra.

Kasernen-Tristesse ade:
Auf dem Petrisberg regieren heute kunstvoll arrangierte Natur und Architektur

Die Treverer dachten wohl globalstrategisch und witterten die Chance, gut zwei Jahrzehnte nach der Eroberung ihres Stammesgebietes durch Julias Caesar wieder Herren im eigenen Haus werden zu können. Doch weit gefehlt. Marcus Antonius und Kleopatra töteten sich selbst, und Octavians Feldherr Nonius Gallus schlug von seinem Basislager auf dem Petrisberg 29 v. Chr. aus den Treverer-Aufstand nieder.

Und Bürgerkriegs-Gewinner Octavian? Der trug ab 27. v. Chr. den Ehrennamen Augustus (der Erhabene) und gründete ein Jahrzehnt später die Augusta Treverorum.

Bunte Hingucker in Hülle und Fülle: Der Petrisberg knapp zwei Jahrzehnte nach der Landesgartenschau

Geheimnisvolle Welt und Abenteuerspielplatz

SCHLOSS MONAISE

Lustgewinn

Was gemeinsame Anstrengungen zu bewirken vermögen, zeigt sich in Schloss Monaise. Jahrzehntelang verleugnete das Kleinod beharrlich seine Bedeutung und seinen Wert. Allenfalls Denkmalschützer, Historiker und die händeringend nach einer neuen Nutzungsmöglichkeit suchenden Stadtväter hielten das Andenken an das höchstkarätige aller frühklassizistischen Bauwerke weit und breit hoch. Kindern und Jugendlichen diente die geheimnisvolle Welt bei Zewen-Oberkirch als Abenteuerspielplatz. Der Rest der Welt hingegen sah lediglich das, als was es sich präsentierte: ein vor sich hin gammelndes und zunehmend von Unkraut umwuchertes Gemäuer.

Um in der Ruine des Lustschlösschen zu erkennen, das der französische Architekt Francois Ignace Mangin von 1779 bis 1783 für Dompropst Philipp Franz Wilderich Nepomuk von Walderdorff gebaut hatte, bedurfte es viel Phantasie. Das europäische Denkmalschutzjahr 1975, das der Modellstadt Trier internationale Aufmerksamkeit

Vor fast 250 Jahren erbaut: das Lustschloss des Dompropstes

Wollen ebenfalls gehegt und gepflegt werden: Gartenpavillon …

bescherte, brachte die Wende. Eine Bürgerinitiative »Aktion Schloss Monaise« gründete sich und schuf die Basis zur Rettung. Die Gemeinschaftsaktion mit der Deutschen Denkmalschutz-Stiftung und der Stadt ermöglichte die groß angelegte Restaurierung, die viele Jahre dauerte. Seit 1997 erstrahlt das Mini-Schloss wieder in gebührendem Glanz und macht seinem Namen alle Ehre. Monaise (von mon aise) heißt »meine Muße«, und solcher lässt sich heute in stilvollem Rahmen frönen. Der imposante Bau beherbergt im Erdgeschoss ein beliebtes Restaurant. Die darüber liegende Beletage lässt sich für feierliche Anlässe mieten. Bei offiziellen Terminen in der neuen alten Sehenswürdigkeit pflegen die Ortsvorsteher sowohl von Euren wie auch von Zewen als Stadtteil-Repräsentanten mit von der Partie zu sein. Das liegt am verzwickten Gemarkungsverlauf. Schloss Monaise steht noch haarscharf auf Eurener Boden, liegt aber nur einen Steinwurf von den Zewener Ländereien entfernt.

… und Monopteros im Park von Schloss Monaise

Nomen est omen: siehe Straßenschild

PFALZEL

Per Bötchen zur Bastion

Gerade einmal fünf Kilometer stromabwärts vom Stadtzentrum gelegen – und dennoch wie in einer anderen Welt: Pfalzel strahlte bereits in der Spätantike den Reiz des Besonderen aus.

Die Kaiser Valentinian und Gratian hielten sich im Sommer lieber hier auf als in der aus allen Nähten platzenden Hauptstadt. Der Name des exklusiven Teilzeit-Domizils ist Programm: Palatiolum bedeutet »kleiner Palast«. Im konkreten Fall handelt es sich um eine wenige Jahre zuvor als Festung er- und dann luxuriös ausgebauten Mini-Palast. An repräsentativem Luxus mangelte es den spätrömischen Regenten wahrlich nicht. Laut neueren Erkenntnissen stand ihnen und ihrem Hofstaat gar eine eigene Straße zur Verfügung. Die Mosel überquerten sie auf einer ihnen vorbehaltenen Holzbrücke etwa in Höhe des heutigen Verteilerkreises. Deren Existenz war bis ins späte 20. Jahrhundert völlig unbekannt. Bis Pfahl-Stellungen im Flussgrund und Münzfunde belegten: Trier hatte einst zwei Römerbrücken.

In Pfalzel selbst haben weitaus mehr Zeugnisse einer großen Vergangenheit überdauert. Die auf rund 3600 Quadratmetern Grundfläche

Viele Baudenkmäler auf engstem Raum: Marienstiftskirche mit Nikolauskapelle …

errichtete und Palastanlage überstand dank ihrer mächtigen Mauern die Stürme der Völkerwanderung. Im späten 7. Jahrhundert wurde aus ihr ein Kloster für adlige Frauen, später ein Kanonikerstift. Die Trierer Kurfürsten wussten den wehrhaft ausgebauten und mit einer Wallmauer gesicherten Komplex als Sommerresidenz und Zufluchtsort in Krisenzeiten zu nutzen und zu schätzen. Was französische Zerstörungen 1673/74 und die Folgen der napoleonischen Säkularisation von der historischen Bausubstanz übrig ließen, gehört auch heute noch zu Pfalzels Zugnummern, darunter die Stiftskirche, die restaurierte Bastion, das ehemalige kurtrierische Amtshaus und zahlreiche alte Wohnhäuser.

So viel geballte Historie in pittoreskem Ambiente ist auch und gerade für »Städter« einen Ausflug wert – bevorzugt auf die klassische Tour auf der Mosel mit dem so genannten »Pfalzeler Bötchen«, das zwischen Zurlauben und dem 1969 eingemeindeten Stadtteil verkehrt – inzwischen aber nicht mehr planmäßig, sondern für gebuchte Gruppentouren.

… und Kurfürstliches Amtshaus

AUSGRABUNGEN

Fluch und Segen der Vergangenheit

»Maach zu! Der Kutzbach kömmt!« Ein im frühen 20. Jahrhundert geflügeltes Wort unter Bauarbeitern, das auch heute noch Gültigkeit besitzt. Wenn bei Ausschachtungsarbeiten verdächtig altertümliche Mauerwerks-Strukturen oder Fundamente zum Vorschein kommen, herrscht Alarmstufe Rot bei Bauherren. Gerade in Trier ist für sie das Reste-Risiko programmiert – und damit die klassische Konflikt-Situation gegeben: Was tun mit den ungeliebten Relikten?

Mit hastigem »Zumachen«, sprich: Tarnung der Baugrube gegen neugierige Archäologen-Blicke, ließ sich schon Kutzbach (1873–1942) nicht foppen. Der legendäre Konservator, dem der Ruf vorauseilte, er könne aus Mauerresten die Entstehungszeit eines Gemäuers »herausschmecken«, bewirkte so manchen befristeten Baustopp. Damit gewann er wenigstens etwas Zeit, den Fund zu dokumentieren, wenn schon eine komplette Rettung an nachvollziehbarem finanziellen Interesse scheiterte.

Noch im Tod vereint: Paar aus dem römischen Trier

Merkwürdigerweise bewirkt Triers Reichtum an Jahrhunderte oder gar Jahrtausende alten steinernen Hinterlassenschaften eher einen fatalen Übersättigungs-Effekt (»Von dem Zeugs haben wir doch schon genug«) als Stolz.

Bei allen wirtschaftlichen Notwendigkeiten bleibt zu bedenken: Wo Investoren heute hinlangen, da wächst kein Gras mehr. Fachleute sprechen von »archäologischer Wüste«, die zurückbleibt, wenn Bagger ihren Auftrag erfüllt und die Vergangenheit ausradiert haben.

Noch besitzt Trier reichlich Flächen, die interessante Funde versprechen. Die ausgedehnteste davon: der Tempelbezirk. Der Name als Programm. Nur wenige Meter unter den Kleingärten zwischen Kaiserthermen-Verkehrskreisel und Altbach verbirgt sich die in der Antike größte zusammenhängende Heiligtümer-Zone nördlich der Alpen. Fast vier Jahrhunderte lang frönten hier die Trierer der Vielgötterei. Bis sich das Christentum durchsetzte und seine streitbaren Anhänger dem heidnischen Treiben ein unsanftes Ende bereiteten. Die Germanen-Überfälle auf Trier gaben dem multireligiösen Viertel den

Vom Leben und Sterben im antiken Trier: Grabung auf dem römischen Nordfriedhof

Rest. Dann wuchs viel Gras über den Tempelbezirk, der aber weitgehend von Überbauung verschont blieb. Einen Vorgeschmack auf das, was unter der Erdoberfläche schlummert, brachten archäologische Grabungen in den Jahren 1926 bis 1934. Sie förderten die Reste von rund 70 Kultstätten nebst Skulpturen, Keramik und Münzen zutage – und das auf gerade einmal einem Siebtel der Gesamtfläche des Areals. Bislang verhinderte Geldmangel die Ausbeutung der Fundgrube. Darauf dürfen sich kommende Generationen freuen.

Hier ist alles Gold, was glänzt: Ein kleiner Teil des 1993 in der Feldstraße entdeckten Münzschatz

Wer nicht so lange warten will, darf dennoch auf ein Erfolgserlebnis hoffen. Selbst in vielen Privatgärten in der Innenstadt ist die Wahrscheinlichkeit, auf »etwas Römisches« oder wenigstens Mittelalterliches zu stoßen, größer, als einen Vierer im Lotto zu erzielen. Man muss nur tief genug buddeln und ein Auge für kleine Hinterlassenschaften wie Spielsteine, Knochenwürfel, Keramikscherben, Plomben oder Geldstücke beweisen.

Mitunter hilft auch »Archäologe Zufall«, gewissermaßen ein Amtskollege von »Kommissar Zufall«. So geschehen am denkwürdigen 5. September 1993, der als Tag des spektakulärsten Münzfundes in die Stadtgeschichte einging. Damals kam auf einer Baustelle in der Feldstraße der größte römische Münzschatz ans Tageslicht. 1796 Jahre lang hatte ein randvoll mit Goldstücken gefüllten Bronzegefäß in der Erde geschlummert, ehe es unter einer Baggerschaufel zerbarst. Kein Arbeiter bemerkte dies und auch niemand vom anwesenden Personal des Landesmuseums, der für Grabungen zuständigen Fachbehörde. Den Schatz zu heben blieb Hobby-Suchern vorbehalten, die sich gewohnheitsgemäß nach Feierabend über den Aushub am Rande der Baugrube hermachten – und binnen kurzer Zeit 110 verlockend glänzende antike Geldstücke aufspürten. Gesamt-Beute: rund 2600 Aurei mit einem Durchschnittsgewicht von 7,27 Gramm – macht insgesamt rund 18,5 Kilogramm.

Der Fund verteilte sich auf mehrere Sucher und war entschieden zu gewaltig, um daraus ein Geheimnis machen zu können. Der Hauptfinder lieferte seine Ausbeute – über 2000 der Münzen – beim Landesmuseum ab. Der dort zuständige Fachmann Karl-Josef Gilles knöpfte sich daraufhin die anderen Beteiligten vor und brachte fast alles wieder zusammen, was zusammen gehörte. Denn die Besitzerfrage stellt sich in solchen Fällen erst gar nicht. Weil von hohem wissenschaftlichen Wert, gehört laut rheinland-pfälzischem Denkmalschutz-Gesetz der Schatz dem Staat.

2558 der Feldstraßen-Aurei wanderten ins Münzkabinett des Landesmuseums – und elektrisieren die Fachwelt. Auf den Geldstücken verewigt haben sich 27 Kaiser, Kaiserinnen oder nahe Herrscher-Verwandte. Die älteste Münzsorte, 63/64 n. Chr. geprägt, zeigt Nero, die jüngste Septimus Severus samt Gattin Julia Domna (zwischen 193 und 197). Das Geheimnis des beispiellosen Mega-Schatzes wird wohl nie jemand lüften. Experten gehen in Anbetracht der ursprünglich in versiegelten Säckchen abgepackten und in dem Bronzetopf aufbewahrten Geldmenge von einer staatlichen Kasse aus, die anno 197 unter dem Estrich eines Kellers im vornehmen Westviertel des römischen Trier versteckt wurde. Der letzte Hüter der ungeheuren Barschaft nahm sein Wissen mit ins Jenseits. Denn damals herrschte Bürgerkrieg, und er stand offenbar auf der falschen Seite.

Man muss nur tief genug buddeln

Bleibt die spannende Frage, welche Überraschungen Triers Unterwelt noch bereithält. Garantiert jede Menge! Wo stand das Freudenhaus der Augusta Treverorum? Wo die Gladiatorenschule? Und wo befand sich der Kapitols-Tempel – neben dem Forum oder an der Mosel, nahe der Römerbrücke? Für Spannung ist weiterhin gesorgt.

Hier steht heute ein Wohnhaus: römische und mittelalterliche Mauern in der Weberbach

LANDESMUSEUM

Eine uralte Jungfrau ist der Star

Untypisches, aber repräsentatives Exponat im Landesmuseum: fast 500 Jahre alter Grabaltar des Domdechanten Christoph von Rheineck

Das Rheinische Landesmuseum verfügt über eine der umfangreichsten Altertümer-Sammlungen in ganz Deutschland. Der Schwerpunkt liegt auf der Römerzeit, deren Hinterlassenschaften den weitaus größten Teil des beeindruckenden Gebäudekomplexes einnehmen und spannende Einblicke in das Leben des ersten halben Jahrtausends Trierer Stadt- und Regionalgeschichte geben. Die Besucher stehen ehrfurchtsvoll vor Mosaiken, Schmuck, Münzen, Gebrauchsgegenständen, Grabdenkmälern und vielem anderen mehr, was Ausgrabungen ans neuzeitliche Tageslicht gefördert haben. Sie bestaunen das Stadtmodell, das die wohl bis zu 60.000 Einwohner zählende Kaiserresidenz Treveris in ihrer finalen Glanzzeit im 4. Jahrhundert zeigt.

Doch ausgerechnet ein völlig untypisches Ausstellungsstück ist der heimliche Star in der Publikumsgunst: die Mumie einer jungen Ägypterin samt Sarg. Beides vermachte 1860 eine in Alexandria lebende gewisse Frau Tortillia, geborene Mog, der Trierer Gesellschaft für nützliche Forschungen. Die wiederum überließ Mumie und Sarg 1877 dem gerade gegründeten Museum, das die exotischen Stücke zwar präsentierte, ihnen aber wenig wissenschaftliche Beachtung schenkte.

Die Frage, wann und woran die – laut Sarg-Inschrift – Priestertochter aus Theben mit dem klangvollen Namen »Ihr Atem ist in den beiden Händen der Gottheit Nu« starb, beantworteten erst 1994 und 1999 zwei medizinisch-diagnostische Untersuchungen der vorzüglich präparierten und bestens erhaltenen Mumie im Klinikum Mutterhaus der Borromäerinnen in Trier. Resultat: Die junge Frau scheint ein wohlbehütetes Leben frei von körperlichen Anstrengungen und Verletzungen geführt zu haben. Der Tod kam ohne Vorwarnung und schnell, wahrscheinlich durch eine

Besondere Kostbarkeit der Spätantike: Diatretbecher, dessen filigraner Netzkörper ebenfalls aus Glas besteht

Unrömisches im Römermuseum: Mumie und Sarkophag aus Ägypten

Stand einst in den Barbarathermen: Torso einer Amazone

sich rasch verschlimmernde Infektion (wie zum Beispiel eine durchgebrochene Blinddarm-Entzündung) oder eine starke Blutung. Die Priestertochter wurde nur 25 Jahre alt. Da sie um etwa 700 bis 680 vor Christus starb, zählen ihre Mumie und der Sarg zu den ältesten Exponaten, die an der Weimarer Allee gezeigt werden.

Das Spektrum der Ausstellungsstücke reicht vom weltbekannten Neumagener Weinschiff über Preziosen spätantiker Glastechnik (wie das Niederemmeler Diatretglas) bis hin zum 1993 entdeckten und nahezu 2600 Münzen umfassenden größten bisher gefundenen römischen Goldschatz. Der brachte das Landesmuseum im Oktober 2019 abermals in die Schlagzeilen, als zwei maskierte Einbrecher ihn nachts zu erbeuten versuchten, aber trotz brachialer Gewaltanwendung scheiterten und beutelos und unerkannt entkamen.

Kirchen-Kunst im königlichen Knast

In einer Stadt, in der aus einer Torburg eine Kirche, aus einer Kirche eine Turn- und Konzerthalle und aus einem Schlachthof eine Kunstakademie wurde, verwundert es nicht, wenn ein ehemaliger Knast als bischöfliches Museum dient. Besondere Exponate verlangen ein besonderes Ambiente. Die Anforderung erfüllt das ehemalige königliche Gefängnis in der Windstraße.

Der klassizistische Bau von 1830 liegt im Schatten des Doms, das spektakulärste Ausstellungsobjekt wird nur einen Steinwurf von seinem Fundort entfernt präsentiert. 70 Quadratmeter umfasst die aus rund 30.000 Putzfragmenten wieder zusammengesetzte Deckenmalerei aus einem luxuriösen römischen Wohnhaus, deren Reste Ende 1945 unter dem Dom entdeckt und in jahrzehntelanger Filigranarbeit rekonstruiert wurden.

Außergewöhnlich: der Andreas-Tragaltar, auch nach seinem erzbischöflichen Stifter Egbert-Schrein genannt

Keimzelle der Kathedrale: Überreste einer Hauskirche aus dem 3. Jahrhundert unter der Dom-Information

Faszination und Rätsel in 15 Einzelbildern. Wen haben die antiken Künstler verewigt? Wer ist die noble Dame mit dem Schmuckkasten? Vermutlich handelt es sich um Fausta, Gattin Kaiser Konstantins.

Jedenfalls bestehen am Wahrheitsgehalt der mittelalterlichen Legende, wonach Kaisermutter Helena dem Bischof Agritius (314–330) ihren Palast geschenkt habe, heute weniger Zweifel denn je. Die Villa mit der aufwendigen Deckenmalerei gehörte mit höchster Wahrscheinlichkeit zum kaiserlichen Bezirk. Sie wurde eingeebnet, um Platz für die Erweiterung der frühchristlichen Kirchenanlage zu schaffen.

Viel mehr Platz benötigte auch das 1904 gegründete Bischöfliche Museum. Zuvor provisorisch in der Banthusstraße untergebracht, erfüllt es seit 1988 in dem großzügig um- und ausgebauten einstigen Gefängnis in der Windstraße seinen Auftrag, »Werke christlicher Kunst und religiösen Brauchtums sowie Gegenstände von kirchengeschichtlicher Bedeutung aus dem Eigentum des Bischöflichen Stuhles, der Domkirche und der Pfarreien des Bistums zu sammeln, zu pflegen und der Öffentlichkeit zugänglich zu machen«. Die Trierer Justizvollzugsanstalt hatte bereits 1977 einen Neubau in der Gottbillstraße bezogen.

So haben Domstein & Co. ursprünglich ausgesehen: Kopie einer der vier gewaltigen Granitsäulen im Museum am Dom

Resultat jahrzehntelanger Puzzlearbeit: rekonstruierte Deckenmalereien im Musem am Dom

STADTMUSEUM
SIMEONSTIFT TRIER

STÄDTISCHES MUSEUM SIMEONSTIFT

Frischzellenkur in der Rumpelkammer

Unter den Museen in der Republik nimmt das im Simeonstift einen ganz besonderen Stellenwert ein, nämlich den des Stadtmuseums der ältesten Stadt Deutschlands. Ein Anspruch, der verpflichtet. Sollte man meinen. Doch die Realität sah lange Zeit anders aus.

Seit der Nachkriegszeit beherbergt das fast tausend Jahre alte ehemalige Stift kunst- und kulturgeschichtliche Sammlungen. Die allerdings konnten über Jahrzehnte nur zu einem geringen Bruchteil präsentiert werden. Städtisches Museum Simeonstift – ein Synonym für akuten Platzmangel einerseits und zum anderen für Kostbarkeiten, die kein Besucherauge je erblickte.

Die pfiffige Museumsmannschaft (die bemerkenswerterweise vorwiegend aus Frauen besteht), machte und macht aus Raumnot eine Tugend. Mit Improvisationstalent, Kreativität und der Unterstützung eines rührigen Fördervereins gelingt es immer wieder, bedeutsame Ausstellungen zu organisieren wie die 2004er Jubiläumsschau zum 200. Jahrestag des Trier-Besuchs Napoleons.

Ausgerechnet Napoleon! Wäre es nach ihm gegangen, dann stünde das Simeonstift längst nicht mehr. Wie so viele alte Gemäuer, die nur noch als Miniatur-Kopien in einem der interessantesten Ausstellungsstücke des Stadtmuseums existieren. Das hölzerne Stadtmodell »Trier um 1800« schnitzte von 1954 bis 1973 Albert Kiefer im Maßstab 1:333 nach den Vorgaben von Denkmalforscher und Zeichner Karl Delhougne. Die Mini-Stadt lädt ein zu spannenden Entdeckungstouren. Obwohl der dokumentierte Zustand gerade einmal zwei Jahrhunderte zurückliegt, benötigt der Betrachter viel Ortskenntnis, um sich zurechtzufinden. Zahlreiche Stadtbildprägende Klöster und Kirchen fielen der napoleonischen Säkularisation (1802) und anschließend der Spitzhacke zum Opfer.

Die Originale vom Hauptmarkt-Brunnen: Stadtpatron Petrus und die Kardinaltugenden

Bevor Napoleon Kirchen und Klöster abreißen ließ:
Albert Kiefers Stadtmodell zeigt, wie Trier um 1800 ausgesehen hat

Ein Anspruch, der verpflichtet.

Was Napoleon beim Simeonstift nicht mehr hinkriegte, wollte ausgerechnet der Stadtrat zu Ende bringen. Dass das von Erzbischof Poppo um 1040 errichtete romanische Stiftsgebäude überhaupt noch besteht, verdankt Trier Friedrich Kutzbach. Der verhinderte als Denkmalpfleger zwischen den Weltkriegen den bereits beschlossenen Abriss des marode vor sich hingammelnden Komplexes und leitete die Restaurierung. Seither kam niemand mehr auf die Idee, dem altehrwürdigen Gemäuer Leid zuzufügen – sieht man von Josef Beuys und seinen ebenso provokationsfreudigen Düsseldorfer Kunststudenten ab, die im Frühjahr 1969 ihre Ausstellung im Stadtmuseum mit brachialen Aktionen eröffneten und dabei Denkmalpfleger wie Personal an den Rand des Wahnsinns trieben.

Noch heftiger, aber diesmal einvernehmlich, Hand angelegt ans historische Gemäuer wurde von 2004 bis 2007. Konstantin sei Dank! Weil das Land für die Groß-Schau über den großen Trierer zusätzliche Ausstellungsflächen benötigte, erhielt das Stadtmuseum einen neuen Anbau auf dem Simeonstiftplatz und mit großzügiger finanzieller Unterstützung aus Mainz die längst fällige Generalsanierung gleich dazu. Da ließ sich die über zwei Jahre währende baustellenbedingte Schließung locker verschmerzen. Für das Warten belohnte ein runderneuerter Kulturtempel, der die Bezeichnung Museum verdient und eine neue Ära einleitete.

Zuvor zogen böse Zungen für den multikulturellen Exponate-Mix auf nicht klimatisiertem engstem Raum gerne den ungnädigen Vergleich mit einer Rumpelkammer heran. Seit Konstantin nicht mehr. Der Um- und Ausbau, für den die Gastronomie im Erdgeschoss des Nordflügels geopfert wurde, ermöglichte eine angemessene Präsentation urtrierischer Attraktionen wie die Originalfiguren von Steipe und Petrusbrunnen und – allen voran – das Original des Marktkreuzes von 958, das älteste erhaltene Denkmal seiner Art in Deutschland, möglicherweise sogar in Europa. Errichtet von Erzbischof Heinrich I. unmittelbar vor der Domstadt, gilt es heute als Symbol für das »neue« Trier, das auf und aus den Trümmern der untergegangenen Kaiserstadt entstand. Eine farbige Kopie des Kreuzes krönt die römische Säule auf dem Hauptmarkt. Das Original hat einen Ehrenplatz im runderneuerten Simeonstift.

Von Aufbruch und Untergang: Marktkreuz-Original von 958 und Modell des kriegszerstörten Domberings 1945

Groß und großartig: die Coronelli-Globen aus dem späten 17. Jahrhundert

STADTARCHIV + BIBLIOTHEK

Triers Gedächtnis

Gut getarnt: Der unbeabsichtigt streng wirkende 50er-Jahre-Bau an der Weberbach lässt von außen nicht unbedingt erahnen, was in ihm steckt. Alle Bestände von Stadtbibliothek und -archiv zusammengenommen ergeben nicht weniger als »das Gedächtnis Triers«, wie Diplom-Archivar Bernhard Simon es auf den Punkt bringt. Ein Gedächtnis, das bis tief ins erste Jahrtausend zurückreicht. Bücher, Urkunden, Plakate, Steuerlisten, Adressbücher, Fotos und andere Dokumente – der reiche Fundus lockt Wissenschaftler aus aller Welt hierher. Trierer, die etwa wissen wollen, wie ihre Straße vor 100 Jahren aussah, werden ebenfalls fündig. Nicht zuletzt ist das Archiv auch ein Zeitungsmuseum. Fast alles, was Triers Schreiber, Fotografen, Grafiker und Zeichner je zu Papier gebracht haben, lagert hier abruf- und kopierbar auf Mikrofilm.

Die Geschichte des Zustandekommens der Sammlung von mehr als 400.000 Druckwerken und an die 150.000 Fotografien würde in Buchform selber ein ganzes Regal füllen.

Eine Wurzel des Gedächtnis-Schatzes bildet die Jesuiten-Bibliothek von 1560, die spätere

Kurfürstliche Universitätsbibliothek. Napoleon stellte sie bei seinem Trier-Besuch 1804 der Stadtverwaltung zur Verfügung. Die vom französischen Kaiser verfügte Auflösung zahlreicher Klöster und Stifte bescherte der Stadtbibliothek weitere Kostbarkeiten von unschätzbarem Wert. Dazu zählen das um 800 in der Hofschule Karls des Großen entstandene Ada-Evangeliar aus der Abtei St. Maximin, Band 1 der 42-zeiligen Gutenberg-Bibel sowie der von Reichenauer Mönchen für den Trierer Erzbischof Egbert (977–993) gefertigte Codex Egberti. Diesen »Höhepunkt der Buchmalerei vor 1000 Jahren« mit 64 filigranen Darstellungen aus dem Leben Jesu präsentierte die Stadtbibliothek 2005 erstmals vollständig. Apropos unschätzbar: Fachleute glauben, der Codex Egberti könnte, wenn er denn verkäuflich wäre, einen Preis von deutlich mehr als 20 Millionen Euro erzielen.

Das Stadtarchiv, das seit einem Jahrhundert mit der Bibliothek eine Einheit bildet, beherbergt mehr als 3500 Urkunden (die älteste stammt von 895) sowie rund 1000 laufende Meter Akten und Amtsbücher.

Auch dem Laien-Auge bietet sich Eindrucksvolles, zum Beispiel die beiden großen Barock-Himmelsgloben von Coronelli (1688 und 1693) oder Glasscheiben des 16. bis 18. Jahrhunderts.

Weitaus weniger spektakulär präsentiert sich die Hülle und das hochkarätige Innenleben. Entworfen vom Architekten Alfons Leitl, der auch die Synagoge in der Kaiserstraße und die Schulsiedlung Auf dem Wehrborn in Aach plante, offenbarte das 1956 eröffnete Bibliotheksgebäude um die Jahrtausendwende bedrohliche Malaisen. Als dann die durch das marode Flachdach eindringende Feuchtigkeit die bibliophilen Kostbarkeiten massiv anzugreifen drohte, zogen die Stadtväter die Notbremse und entschlossen sich zur langwierigen Generalsanierung. Bemerkenswerte äußere Ergänzung ist der Aufbau eines tragflächenförmigen so genannten Flugdaches, das dank geschickter Beleuchtung aus der seitlichen Ansicht freischwebend wirkt. Im Inneren sorgt eine ausgeklügelte Niedrigenergie-Klimatechnik dafür, dass Triers Gedächtnis unbeschadet und fit bleibt. Seit 2000 besteht die Stadtbibliothek aus zwei Abteilungen. In neuen Räumen im Palais Walderdorff finden sich Romane, Sachbücher und wissenschaftliche Literatur sowie die Kinder-, Jugend- und Musikabteilungen. An der Weberbach 25 verblieben sind die wertvollen historischen Bestände und die – nach sechsjähriger Beschädigungs-Zwangspause – 2002 wiedereröffnete Schatzkammer.

Antike Zutat im Mittelpunkt: Kameo mit der Familie Konstantins (entstanden um 325) im 1499 angefertigten Deckel des Ada-Evangeliars

Fundgrube für Historiker und Heimatforscher: Stadtarchiv-Leiter Bernhard Simon mit einer Urkunde von 1098, die zahlreiche Orte im Trierer Land erstmals nennt

RUN AUF RUINEN

Erlebnisreich Trier

Nix los in der City! Dieses Vorurteil bestätigte sich vor nicht allzu langer Zeit immer wieder von selbst. Nach gesetzlich verordnetem Geschäftsschluss um 18.30 Uhr hielt die kommunikative Öde Einzug in die Innenstadt. Nachdienstliche Zerstreuung fand der stressgeplagte Werktätige allenfalls an der Peripherie. Etwa im Biergarten der Löwenbrauerei (abgerissen 1997).

Nix los in der City? Das ist heutzutage keine Frage mehr; da tun sich ganz neue Möglichkeiten und Perspektiven auf. Und das ausgerechnet in alten Gemäuern. Trierer und Touris stürmen die antiken Bauten.

Alle Jahre wieder: Eislaufbahn auf dem Kornmarkt

Gibt sich hier vor dem Dom die Ehre: Lokalmatador Guildo Horn

Folk und Jazz im Brunnenhof, private Feten und Ausstellungen in den Viehmarkt-Thermen, Sektempfänge und Erlebnis-Führungen in der Porta, Rock und Römerfeste in den Kaiserthermen, Pop im Amphitheater, dazu Wein&-Gourmet-Gelage und Tango-Bälle im Kurfürstlichen Palais. Es eventet so schön in pittoreskem Ambiente. Trier nutzt sein Kapital auch nach Feierabend. Besser gesagt: darf es nutzen. Mit dem Segen aus Mainz, denn die meisten der schnieken Altbauten befinden sich im Landesbesitz.

Wo noch bis tief in die 1990er-Jahre der Amtsschimmel dem Personal der Römerbauten alle Mittage wieder eine strikte Siesta verordnete, derweil das verwunderte Publikum vor verschlossenen Toren stand, da setzte sich schlussendlich doch noch eine bahnbrechende Erkenntnis durch: Die steinerne Vergangenheit ist pures Vermögen, das eingesetzt und genutzt gehört. Einmal für (zahlungswilliges) Volk und Veranstalter-Profis auch über die Besichtigungszeiten hinaus geöffnet, erweisen sich die monumentalen Hinterlassenschaften als echte Zugnummern. Und sie steigern den Freizeit- und Erlebniswert Triers ganz beträchtlich.

Die steinere Vergangenheit ist pures Vermögen

Nimmt mit auf eine spannende Historien-Tour: der Nachtwächter, hier verkörpert von Hans-Peter Peters

Was vom Bade übrig blieb: Über die Barbarathermen ist viel Gras gewachsen. Besichtigt werden können sie kostenlos von einem Besuchersteg aus

BARBARATHERMEN

Der Luxus der Provinz

Älteste Stadt Deutschlands. Und im vierten Jahrhundert Kaisersitz. Aber was war dazwischen? Über die Bedeutung Triers in den drei Jahrhunderten zwischen Gründung und imperialer Glanzzeit darf kräftig spekuliert werden. Die Überlieferung aus dem frühen vorletzten Jahrtausend gestaltet sich äußerst spärlich. Die Beurteilung erleichtern andere Kriterien. Zum Beispiel die Barbarathermen. Eine solche Anlage baut niemand ohne triftigen Grund. Die Eckdaten sprechen für sich: 4,2 Hektar groß (entspricht fünf Fußballplätzen), der westliche Teil errichtet auf eigens aufgeschüttetem Terrain in der Nähe der Mosel. Als der moderne Bade- und Freizeitgestaltungskomplex – heute würde man von einem Wellness-Zentrum sprechen – um das Jahr 150 in Betrieb ging, war er der größte außerhalb Roms und mit hoher Wahrscheinlichkeit auch der mit den einzigen beheizbaren Groß-Schwimmbecken im gesamten Reich. Unerhörter Luxus in der gallischen Provinz! Die Imperiums-politischen Entwicklungen belohnten die Weitsicht und das Stabilitäts-Streben der Stadtplaner des 2. Jahrhunderts, die mit Kleckern nichts im Sinn hatten.

Als Valentinian und Gratian von Trier aus das weströmische Reich regierten, zählte die Thermenanlage mit ihrer aufwändigen Fassadengestaltung bereits zu den Oldtimern unter den Groß-Immobilien an der Mosel: Mehr als 200 Jahre alt und immer noch ein Renner.

Selbst im Mittelalter, als zerstörungswütige Germanen die Wasserzufuhr längst gekappt und damit die Anlage ihrer eigentlichen Funktion beraubt hatten, kam in Trier niemand an den Mega-Thermen vorbei. Bis ins 11. Jahrhundert

Statt Führungen: Infotafeln zeigen, was es mit dem Welterbe auf sich hat

Heute würde man von einem Wellness-Zentrum sprechen

residierte hier der streitbare Stadtadels-Clan de Ponte, die »Herren von der Brücke«, die sich gerne und oft mit den Herren vom Dom anlegten und sehr eigenwillige Vorstellungen davon hatten, wer denn wem was zu sagen habe.

Noch bis ins 17. Jahrhundert hinein standen große Teile des Glanzstücks römischen Bauens. Dann nutzten es Jesuiten als Steinbruch, um Baumaterial für ihr Kolleg (heute Bischöfliches Priesterseminar) zu gewinnen. Dabei bedienten sie sich einer innovativen Abbruchmethode: Sie setzten Sprengstoff ein. Auch mit Schießpulver machten die imposanten Ruinen Bekanntschaft. 1512 fuhren Triers Stadtväter anlässlich des Reichstages schweres Geschütz auf, um Kaiser Maximilian mit einem Zielschießen auf die antiken Mauern zu erfreuen. Des Herrschers Reaktion ist leider nicht überliefert, wohl aber, dass die Kanonenkugeln nur wenig Schaden anrichteten. Effektiver waren anno 1673 französische Belagerer, die große Teile der noch aufragenden Bausubstanz platt machten, um freie Bahn für ihre Geschütze zu schaffen.

Die heutigen Überbleibsel der Barbarathermen spiegeln nicht einmal annähernd das wider, was sie in ihren Glanzzeiten verkörperten. Nur ein Bruchteil blieb übrig; zwei Drittel des ursprünglichen Areals liegen heute unter Wohnhäusern, Privatgärten und Straßen bis jenseits der Südallee.

Der Name macht die Verwirrung komplett. Hier wüteten zwar Barbaren, aber die standen ebenso wenig Pate wie eine Barbara, die hier gewiss nicht gebadet hat. Die Bezeichnung stammt von dem alten Trierer Vorort St. Barbara, abgeleitet vom gleichnamigen Dominikanerinnen-Kloster und im Volksmund Barbeln genannt.

Im 3. Jahrtausend in antiken Mauern leben: Eine Fuchsfamilie hat in den Barbarathermen ihre Heimat gefunden

BRUNNEN

Der Kurfürst auf dem Trockenen

Erinnerung an die wechselhafte jüngere Geschichte Deutschlands: der Heimatbrunnen beim Rathaus

Mitunter geschehen noch Zeichen und Wunder. In der Erstauflage des »Trier«-Bildbandes wurde an dieser Stelle noch der beklagenswerte Zustand der vielen trockenen Brunnen im Stadtgebiet beschrieben. Vielleicht ist der Wink mit dem Zaunpfahl angekommen. Jedenfalls sprudeln inzwischen die meisten Wasserspender von Frühjahr bis Herbst morgens ab 10 Uhr. Und das tut sowohl dem Stadtbild als auch dem Passanten-Befinden gut.

15 Brunnen finden sich allein innerhalb des Alleenringes. Nicht mitgezählt des sagenumwobene Kunst-am-Bau-Objekt Europabrunnen, das einst vor der Europahalle stand, wegen eines Neubauprojekts demontiert und seither spurlos verschwunden ... Zählt man die der übrigen Stadtteile hinzu, kommt man auf rund drei Dutzend.

Die Menschen in früheren Jahrhunderten wären froh gewesen über ein solch vielfältiges Angebot. Vorausgesetzt, die Brunnen hätten ihrem ursprünglichen Zweck gedient. In den ersten Jahren des neuen Jahrtausends taten sie das nicht mehr. Mussten sie in Anbetracht flächendeckender Wasserversorgung und dank preiswerter Erfrischungs-Getränk-Sortimente in Großmärkten auch nicht unbedingt. Heutzutage sind Brunnen Zierrat im Stadtbild und damit oftmals Monumente der kommunalen Finanzmisere. Lange lautete die Faustregel: Man lässt das kühle Nass nur dort sprudeln, wo man sich keine Blamage vor dem Touristen-Auge erlauben darf. So auf dem Hauptmarkt. An den 1595 von Hans Ruprecht erbauten und millionenfach fotografierten Petrusbrunnen traut sich kein Sparkommissar, den Rotstift anzusetzen. Auch im Palastgarten erfreuen gelegentliche Fontänen das Auge des Betrachters. Und da gibt es noch den ebenfalls voll Ansichtskartenmotiv-tauglichen Handwerkerbrunnen in der Fahrstraße. Das Meisterstück aus der Werkstatt des Kunstschmiedemeisters Klaus Apel schenkten Handwerkskammer und Innungen anno 1984 der Stadt zum 2000. Geburtstag. Da geriete es also zum Akt ignoranter Unhöflichkeit, den Saft abzudrehen.

Ignorant und unhöflich aber ging Trier lange mit Balduin von Luxemburg um. Des großen Kurfürsten Brunnen versank in staubi-

Einblick: der Petrusbrunnen auf dem Hauptmarkt von oben

Anziehungspunkte: der Handwerker-Brunnen (1984) und der Georgsbrunnen (1750/51)

ger Trockenheit. Ein bewusst gewähltes Stilmittel, könnte man meinen. Denn immerhin verströmte das Gemeinschaftswerk von Arnold Schüller (Steinbildhauer-Arbeiten) und Ferdinand von Miller (Bronzeplastiken) wenn schon kein Wasser, doch so wenigsten eine zum nahen Hauptbahnhofs-Gelände passende Tristesse. Außerdem stand Balduin bereits bei der Brunnen-Einweihung anno 1897 auf dem Trockenen, da niemand mit den Stadtwerken zwecks Wasserzufuhr verhandelt hatte. Es dauerte viele Wochen, ehe das kostbare Nass endlich sprudelte. Und hätte nicht die Trier-Gesellschaft Druck gemacht, könnten sich heute nur noch ältere Menschen daran erinnern, jemals sprudelndes Wasser zu Balduins Füßen gesehen zu haben. Der Denkmalrettungsverein beendete 2010 per Generalsanierung in Zusammenarbeit mit der Stadt die Trockenphase. Und weil das Modell »Trier-Gesellschaft macht Projekte möglich, für die das Rathaus kein Geld hat« so bravourös gut funktionierte, wurde es drei Jahre später am Hauptmarktbrunnen erfolgreich wiederholt.

Funktionierende Brunnen wirken wohltuend auf Auge und Seele – und kommen auch deshalb wieder in Mode. In Heiligkreuz ging man einen eigenen Weg. Dort gründeten Brunnen-Fans einen Verein, organisierten Feste und sammelten über Jahre für das Objekt der Begierde, das im Jahr 2000 Klaus Apel im Schatten der Heiligkreuz-Kapelle errichtete. Das Beispiel sollte Schule machen und weitere Stadtteile nachziehen.

Geschenk des Landes an Trier: der Wasseruhr-Brunnen (Ausschnitt) auf dem Willy-Brandt-Platz

Warum denn in die Ferne schweifen?

Viele Trierer hegen ein ambivalentes Verhältnis zum Rebensaft. Fast drei Millionen Rebstöcke auf ihrem Gebiet machen die Moselmetropole zu einer der bedeutendsten Weinstädte der Republik. Eine der ältesten, wenn nicht gar die älteste, ist sie ohnehin.

Vom Rebenreichtum wusste bereits »Mosella«-Dichter Ausonius vor mehr als 1600 Jahren ein Lied zu singen. Einer Übermengen-Regulierung bedurfte es damals angesichts des immensen Eigenbedarfs ganz sicher nicht. Literweise Vino zählte zur täglichen Grundverpflegung der römischen Legionäre, die es in den zahlreichen kriegerischen Auseinandersetzungen mit den Germanen bei Laune und Kampfeslust zu halten galt.

Und heute? Die meisten Trierer ziehen – zum Erstaunen der Touristen – den Gerstensaft vor, obwohl in ihrer Stadt Weingüter von Weltrang ihren Sitz haben. Den Weinstadtteil Olewig nennen die Einheimischen gern, aber überflüssigerweise das »Grinzing von Trier«. Den Mangel an Selbstbewusstsein kompen-

Zum Wohl: Weinprobe im Olewiger Rebenparadies

Alte neue Perspektivträger: das Gut Avelsbach (frühere staatliche Weinbaudomäne) und der Weinkeller der Vereinigten Hospitien in römischen Gemäuern

sieren die Olewiger Winzer, die seit 1949 alle Jahre wieder das Trierer Weinfest ausrichten, aber nur einen minimalen Teil der Anbauflächen bewirtschaften (Tendenz: weiter sinkend) und selbst immer weniger werden, mit einem bemerkenswert konsequenten Anspruch: Die Weinkönigin der ältesten Stadt Deutschlands bestimmen und küren alleine sie. Auch wenn waschechte Olewiger Winzertöchter heuer ähnlichen Seltenheitswert besitzen wie himalayische Yetis. Immerhin lässt sich dem auf drei Mitglieder geschrumpften Weinerzeuger-Verein durchaus auch lobenswertes Image- und Traditionsbewusstsein attestieren: Den Wein-Erlebnis-Pfad am Petrisberg – nicht nur für Touristen erlebenswert – hegen und pflegen die Olewiger. Vielleicht eine Investition in die Zukunft des eigenen Berufsstandes. Denn in Sachen Rebensaft-Akzeptanz ist eine Trendwende im Gange. Immer öfter kommt nicht nur an hohen Feiertagen eine Flasche guten Rieslings auf den Tisch. Weinlokale, bis vor wenigen Jahren eher die Ausnahme, haben sich in der City etabliert. Event-Formate wie Wine in the City (organisiert von der City-Initiative Trier) und andere erfolgreiche Marketing-Aktionen für einheimische Erzeugnisse bringen zunehmend auch Skeptiker auf den Geschmack. Auch Gastronomen denken um. Warum denn von Auswahl und Angebot her in die Ferne schweifen, wenn das Gute wächst so nah?